生态系统服务与生态产品价值实现

◎ 黄颖 著

中国农业科学技术出版社

图书在版编目(CIP)数据

生态系统服务与生态产品价值实现 / 黄颖著. --北京：中国农业科学技术出版社，2023.9
ISBN 978-7-5116-6453-2

Ⅰ.①生… Ⅱ.①黄… Ⅲ.①生态系-服务功能-研究 Ⅳ.①Q147

中国国家版本馆 CIP 数据核字(2023)第 183716 号

责任编辑　倪小勋
责任校对　马广洋
责任印制　姜义伟　王思文

出 版 者	中国农业科学技术出版社
	北京市中关村南大街 12 号　　邮编：100081
电　　话	(010) 82109707 (编辑室)　　(010) 82109702 (发行部)
	(010) 82109709 (读者服务部)
网　　址	https://castp.caas.cn
经 销 者	各地新华书店
印 刷 者	北京建宏印刷有限公司
开　　本	185 mm×260 mm　1/16
印　　张	7.5
字　　数	156 千字
版　　次	2023 年 9 月第 1 版　2023 年 9 月第 1 次印刷
定　　价	48.00 元

━━━ 版权所有·翻印必究 ━━━

前　言

　　生态系统是人类赖以生存和发展的基础。生态系统服务研究对于把握我国生态空间可持续发展具有重要意义。安徽省内有我国南北气候分界的淮河和最大水系长江穿流而过，由平原、丘陵和山地构成，是我国重要的粮仓、长江下游的生态屏障和长三角经济区的重要组成部分。安徽省在21世纪以来的快速城镇化、工业化和现代化背景下的生态安全和生态文明建设备受关注。首先，本研究以安徽省为例，基于安徽省自然地理环境与人类活动的背景，重点评估了2001—2020年安徽省生态系统服务的土壤保持服务、水源涵养服务、固碳服务和食物供给服务；其次，利用相关性分析等方法分析生态系统服务权衡与协同关系；再次，利用地理探测器和多尺度加权回归模型从多个空间尺度探索生态系统服务对于气候因子和土地利用因子的响应情况；最后，运用CA-Markov模型模拟不同情景下安徽省的土地利用格局变化和生态系统服务及其权衡/协同关系的变化，为厘清区域发展特征、优化区域布局、实现生态转型和绿色可持续发展提供良好的决策支持。本研究的主要结果如下。

　　一是安徽省土壤保持服务、水源涵养服务、固碳服务和食物供给服务在近20年呈现上升趋势。食物供给服务呈现"北高南低"的空间格局，土壤保持服务呈现"西南高东北低"的空间格局，水源涵养服务的空间分布格局较为均衡。皖北平原区生态系统提供的食物供给服务较为丰富，皖南山地丘陵区和皖西大别山区能够提供较高的保土服务，江南丘陵区生态系统提供较高的固碳服务。从时间维度来看，2000—2020年固碳服务增长最大的区域主要集中在皖西大别山区，保土服务减少的区域集中在皖北平原区和皖中的江淮丘陵山区。食物供给服务与其他三项生态系统服务呈现权衡关系，固碳服务、保土服务和保水服务之间呈现协同关系。生态系统是一个复杂系统，不同生态系统服务作为生态系统的组分经过了一个状态变化，相互关联其他生态系统服务。从南北方尺度上来看，南方地区生态系统服务的协同关系高于北方地区。

二是安徽省重要生态系统服务权衡/协同关系对于气候、植被、地形等因素响应显著。食物供给服务、保土服务、保水服务这三项对降水量、植被覆盖程度、净初级生产力、地形等因素的响应均为显著。固碳服务变动对于降水量的响应不显著，对于地形、净初级生产力和植被覆盖程度的响应是显著的。耕地的增加提高了食物供给服务，林地的增加提高了保土服务，建成区面积的增加降低了食物供给服务。

三是农业机械化对皖北平原区生态系统服务关系的作用机制显著。运用双重差分模型估计了农业机械化对于六种生态系统服务权衡/协同关系的作用效果。研究结果表明：第一，农业机械化能够显著通过改变化肥施用量的途径影响食物供给服务与保水服务之间权衡关系，促进固碳服务与保水服务的协同关系。第二，农业机械化通过改变农药使用量的途径影响生态系统服务权衡/协同关系的作用不显著。第三，农业机械化通过改变农业种植结构的途径影响生态系统服务权衡/协同关系的作用不显著。

四是皖西大别山区和皖南山区劳动力转移对生态系统服务权衡/协同产生显著影响。长江经济带的发展推动了安徽省城镇化的进程，并推动了农村劳动力向城镇转移。由于地形限制，山地的农业机械化水平和劳动力效率较低，土地的规模化经营和集约化利用受限，山区劳动力逐步转移到城镇实现兼业化和非农化。人口变动和农业生产方式的改变是生态系统服务权衡/协同关系的重要驱动因素。人口的增加促进了食物供给服务与固碳服务、保土服务、保水服务之间的协同关系。城镇化水平的提高，提高了食物供给—保土服务、食物供给—保水服务之间的协同作用。

五是实施了近20年的退耕还林工程，为江淮丘陵区生态系统的土壤保持服务、水源涵养服务、固碳服务、粮食供给服务等带来了时空格局的变化。研究结果表明，实施退耕还林的地块土壤保持服务显著上升，水源涵养服务显著提高，固碳服务显著增强，粮食供给服务减少为零。从县域角度来看，退耕还林工程对于周边地块具有一定程度的转移效应。但总体而言，实施退耕还林的县域土壤保持服务年际变化呈现增加的态势，水源涵养服务也呈现增长的趋势，固碳服务显著增强。江淮丘陵区的不同区域呈现的差异变化不大。退耕还林工程为退化的农田生态系统、不适宜耕作的丘陵山地生态系统提供了修复机会。

六是模拟结果显示2030年的生态系统服务之间的权衡关系在减弱，协同关系在增强。都市圈在未来城市建设和发展过程中，应当结合生态文明建设，在保障食物供给的过程中充分保护其他生态系统服务功能的发挥。

七是建立健全生态产品价值实现机制，是生态文明时代推动经济社会绿色转型的重要举措，是贯彻习近平总书记"绿水青山就是金山银山"理念的关键路径。如何改善财务制度、提升生态资源的金融附加值、保障乡村社区居民公平享受生态产品价值实现红利，是生态产品价值实现过程中的核心问题。

目 录

1 绪 论 …………………………………………………………………… (1)
 1.1 研究背景 …………………………………………………………… (2)
 1.2 研究意义 …………………………………………………………… (3)
 1.3 国内外研究进展 …………………………………………………… (3)
 1.4 研究目标 …………………………………………………………… (13)
 1.5 研究内容 …………………………………………………………… (14)
 1.6 理论框架 …………………………………………………………… (15)

2 研究概况与研究方法 ………………………………………………… (17)
 2.1 研究区域 …………………………………………………………… (18)
 2.2 研究区概况 ………………………………………………………… (20)
 2.3 数据来源 …………………………………………………………… (25)
 2.4 研究方法 …………………………………………………………… (26)

3 安徽省 2001—2020 年重要生态系统服务功能特征及其影响因素 ………… (37)
 3.1 安徽省重要生态系统服务功能的总体特征 …………………… (38)
 3.2 安徽省重要生态系统服务权衡/协同分析：静态分析 ………… (41)
 3.3 安徽省重点生态系统服务权衡/协同关系：动态互馈 ………… (46)
 3.4 生态系统服务及其相互关系的影响因素 ……………………… (50)
 3.5 不同区域生态系统服务异质性及影响因素分析 ……………… (56)

4 皖北平原区农业机械化对生态系统服务关系的影响 ……………… (63)
 4.1 研究假说 …………………………………………………………… (64)

4.2　模型设定 …………………………………………………………… (65)
　　4.3　结果与分析 ………………………………………………………… (66)
　　4.4　结论与讨论 ………………………………………………………… (68)

5　皖西南山区劳动力转移对生态系统服务的影响 …………………… (69)
　　5.1　理论分析框架 ……………………………………………………… (70)
　　5.2　模型设定 …………………………………………………………… (70)
　　5.3　结果与分析 ………………………………………………………… (71)
　　5.4　结　论 ……………………………………………………………… (76)

6　江淮丘陵区退耕还林工程对生态系统服务的影响 ………………… (77)
　　6.1　研究区概况与政策背景 …………………………………………… (78)
　　6.2　结果与分析 ………………………………………………………… (79)
　　6.3　讨　论 ……………………………………………………………… (80)
　　6.4　结　论 ……………………………………………………………… (80)

7　都市圈可持续发展的生态系统服务评估与情景模拟 ……………… (81)
　　7.1　权衡减轻的保护情景模拟 ………………………………………… (82)
　　7.2　安徽省都市圈生态系统服务权衡和协同关系 …………………… (84)
　　7.3　启示与建议 ………………………………………………………… (85)

8　生态系统服务与生态产品价值实现 …………………………………… (87)
　　8.1　生态系统服务的研究结论 ………………………………………… (88)
　　8.2　生态产品价值实现的制度设计 …………………………………… (90)
　　8.3　政策建议 …………………………………………………………… (92)

参考文献 ………………………………………………………………………… (95)

1 绪 论

1.1 研究背景

1.1.1 生态系统服务一直是可持续生态学领域的研究热点

生态系统是人类赖以生存的环境要素。生态系统不仅为人类提供了食物，满足人类生存发展的需要，还具有物质能量循环等支持功能，让整个生态系统能够稳定可持续发展。生态系统的生物多样性保障了生态系统丰富度，使系统更富有韧性，为人类提供了多元生态环境。除此之外，生态系统提供的景观资源能够满足人类休闲游憩的需求等。生态系统服务是"生态系统所形成的维持人类赖以生存和发展的自然环境条件及其效用"[1]。生态系统服务主要包括支持服务、供给服务、调节服务和文化服务四大类[2-4]。自工业化以来，人类对于生态系统的干扰日益增强。人类活动对于生态系统的影响日益加剧，部分生态系统服务功能在弱化，并反馈影响人类的生活和福祉。人类的活动引起生态系统物质流、能量流和信息流的传递和转化，生态系统服务发生变化，最终影响生态系统内部。在不同的时空条件和不同的人群干扰情况下，生态系统服务之间的权衡或协同关系也会出现时空异质性，由此可以用来诊断生态系统结构是否健康，是否有利于及时调整区域发展政策。生态系统服务开创性的研究起源于1997年Daily撰写的著作和Costanza发表在《自然》期刊的文章。千年生态系统评估框架（MA）对世界范围的生态系统服务进行评估，带来了生态系统服务热度的持续高涨。近几十年来，相关研究论文不断出现，并且呈现指数型增长趋势。在进一步的研究中，学者发现生态系统服务之间存在权衡关系。即可能存在着一种生态系统服务的增加伴随着另一种生态系统服务的减少。换句话说，某一种生态系统服务的增长是以其他生态系统服务为代价的，生态系统服务权衡关系的出现导致部分生态系统功能的退化，这对生态系统的整体稳定和可持续发展影响重大，因此生态系统服务权衡与协同研究是可持续生态学相对主要的研究领域，也一直是研究热点。

1.1.2 国内生态文明建设和生态产品价值实现政策的提出，验证了生态系统服务的重要性

党的十八大以来，习近平总书记就生态文明建设提出一系列新思想、新战略、新要求。为了深入学习贯彻习近平生态文明思想，坚持"绿水青山就是金山银山""山水林田湖生命共同体"等理念，遵循生态系统性及其内在规律，全国各地集中开展了一系列生态文明制度改革，完善可持续的生态产品价值实现路径，推进生态产业化和产业生态化。2021年4月，国家出台《关于建立健全生态产品价值实现机

制的意见》，鼓励开展以生态产品实物量为重点的生态价值核算。由此可见，生态系统作为一个整体，在生态文明建设过程中发挥的基础作用。生态系统服务的相关研究有助于更好地了解生态系统功能结构和内在机制，为生态文明建设和完善生态产品价值实现机制奠定基础。

1.1.3 基于生态系统服务的多目标生态管理决策已成为主流趋势

在进行生态管理时，人们追求多种生态系统服务功能。21世纪以来，随着技术进步和经济的发展，土地利用布局不断调整，面积不断减少[5]。土地利用布局的调整不仅影响着经济生产活动，还影响到生态系统服务价值。大规模的工业生产和高强度的农业生产活动虽然带来经济效益的提高，但同时给生态环境带来诸多负面影响[6]。安徽省承载着保障国家粮食安全和生态安全的多目标任务，生态系统问题直接关系到粮食有效供给和可持续发展。如何才能保障国家粮食安全、地方经济社会发展的同时又能维护生态安全，是一项重要的多目标生态管理决策难题。在社会经济发展的过程中，土地利用类型结构不同于此前，产业结构发生调整，随之生态系统结构会出现一定的变化，不同生态系统服务之间的权衡与协同关系也会发生变化。基于生态系统服务的多目标生态管理决策能够有效平衡多方面的目标需求，已经成为较为主流的解决工具之一。

1.2 研究意义

1.2.1 理论意义

拓展南北方气候特征生态系统的研究内涵和深度。通过生态系统服务评估和区域差异分析，可以分别找出区域的主导服务类型以及区域之间差异特征，进而更为细致地刻画南北方气候特征的生态系统服务的异质性。

1.2.2 实践意义

制定因地制宜的精细化生态管理方案。根据生态系统服务权衡强度和驱动因子差异特征，提出相对应科学化和精细化的生态管理方案和建议，为决策者制定政策提供相关的科学依据和参考，同时为同类型同尺度的其他区域提供经验借鉴。

1.3 国内外研究进展

1.3.1 生态系统服务的重要性和研究发展历程

生态系统服务是"生态系统所形成的维持人类赖以生存和发展的自然环境条件

及其效用"[1]。自然资本存量提供了生态系统服务，这两者直接或者间接地促进人类的福利，为地球生命支持系统提供重要作用。20世纪七八十年代Ehrlich最早提出"生态系统服务"论述。千年生态系统评估[7]将生态系统服务分为供给服务、调节服务、文化服务以及支持服务四大方面[8-9]。工业化以来，人类对于生态系统的干扰日益增强。人类的活动引起生态系统物质流、能量流和信息流的传递和转化，生态系统服务发生了变化，最终影响生态系统内部。一般而言，生态系统的不同服务之间存在权衡和协同的关系。权衡关系表示两种生态系统服务之间呈现负相关，出现此消彼长的现象；协同关系则表示两种生态系统服务之间呈现正相关，一个生态系统服务的增加会导致另一个生态系统服务的增加。在不同的时空条件和不同的人类干扰情况下，生态系统服务之间的权衡与协同关系也会出现时空异质性[10]。生态系统为人类提供清新空气、清洁水源、废弃物消解、授粉、气候调节、洪水调节等功能[11-12]。人类活动导致生态系统的改变和退化[13]，生态系统中的生物多样性受到挑战[14]。通过分析生态系统服务的历史发展[15]以及实践调查，学者认为最重要的生态系统服务是休闲游憩、淡水供给、食物供给等[16-17]。

生态系统服务的量化可以采用物质量评价法和价值量评价法[18]。一般而言，物质量评价法更具有科学性和横向对比性。生态系统服务评估工具包括MA、生态绿当量、生态足迹、能值分析、可持续发展指数、环境质量指数等[19]。具体计算方法包括市场价值法、碳税法、造林成本法、替代成本法、等效因子法等[20]。生态系统服务主要参考美国马里兰大学Costanza教授关于生态系统服务分类和计算方法[4]，较为主流的研究范式是联合国"千年生态系统评估框架"（MA）[21]。MA运用了直接市场法、替代市场法和意愿调查法。第一，直接市场法包括成本法、重置成本法、影子工程法；Kroeger基于市场方法对农田生态系统服务价值进行了评估[22]。第二，替代价值法包括旅行成本法、内涵价格法、防护费用法等[23]。第三，意愿调查法包括投标博弈法、权衡博弈法、优先性评价法、德菲尔法等[24]。Whittington运用条件价值调查法估计生态服务购买者最大愿意支付额[25]。近年来，一些生态系统服务核算的模型得到广泛应用，最为常见的是InVEST模型。多位学者运用InVEST模型测算了生态系统服务功能[26]。

除了最为常见的Costanza评估体系、MA评估框架、InVEST模型以外，还有许多生态系统服务相关的统计工具。生态绿当量法是基于扩展的劳动价值论原理，采用单位面积生态系统服务当量作为标准进行折算，从而测算生态系统服务价值[27]。Lyu等列出11项生态系统服务，包括食物供给、材料生产、水资源供给、大气调节、气候调节、环境净化、水文调节、土壤保持、养分循环、生物多样性和景观游憩，并针对不同土地利用类型列出单位面积土地的生态系统服务价值当量[28]。能值分析法主要依据 Odum 的能值分析方法[29]，测算生态系统的可更新能值、不可更新能值，计算出可持续发展指数等，由此判定生态系统的可持续发展水平，并运用在生态补偿等领域[30]。通过能值分析法计算生态服务价值、生态稀缺价值，进而测算生态外溢价值，用于生态补奖资金分配[31]等，为管理者提供了更坚实的政策制定依据[32]。环境质量评价法从最早的水质污染和大气污染起步，逐步发展出单要素指数和综合指数。《2010 中国绿色发展指数年度报告》对全国 30 个省（区、市）测算绿色发展指数作出排名。2017 年国家绿色发展指数首次发布，包括了各地区资源利用、环境治理、环境质量、生态保护、增长质量、绿色生活、公众满意程度等 7 个方面的变化趋势和动态进展，共 56 项评价指标[33]。生态系统服务产品（Ecosystem services product，ESP）是非市场化的价值。ESP 和 GDP 之和为生态经济总产品 SEP（Subtotal ecological-economic product，SEP）。ESP 与 SEP 的比值被称为生态系统服务产品占比。比利时的生态系统服务产品占比为 1%，卢森堡为 1%，荷兰为 3%，印度为 18%，美国为 22%，哥斯达黎加为 49%，智利为 57%，巴西为 73%，俄罗斯为 92%[34]。流量法方面，Schröter 用不同的模型区分了提供生态系统服务的能力和生态系统服务流量，阐释了两者的不同[35]。Xu 为流域建立能量流模型，用以分析退耕还林前后生态系统服务的变化[36]。时空变化的分析方法包括非参数化趋势度法（Sen）等。Sen 方法[37]通过中位数函数构建趋势度，若趋势度大于零则为增长趋势，若趋势度小于零则为减弱趋势，从而识别不同时期的空间变化。通过 Mann-Kendall 显著性检验，判断变量的时空演变规律。

1.3.2 生态系统服务评估

生态系统服务实物量评估以及货币评估方法众多。生态系统服务评估涵盖了大部分生态系统类型，包括森林生态系统、农田（耕地）生态系统、沿海生态系统、稻田生态系统、湿地生态系统、草地生态系统、河流和湖泊等流域生态系统、果园生态系统、高山生态系统、水产养殖生态系统等。关注度高的生态系统服务类型依次是调节服务（占 70%）、供给服务（占 23%）、文化服务（占 6%）、支持服务（占 1%）[38]。在实物量评估方面，生态系统服务评估最为常用的方法可以分为基于生态过程的非验证函数、现场试验、实地调查。另外，统计数据也有助于生态系统供给服务的评估。生态系统服务评估模型中应用最为广泛和普遍的模型是 InVEST 模型。除此之外，SWAT 模型等也部分应用在生态系统服务评估中。在货币价值评估方面，最为常用的是市场价格法和重置成本法，其次是修复成本法和避免损害法。对于文化生态系统服务的评估，主要采用旅行成本法和支付意愿法。

在流域生态系统服务的研究中，方露露等[39]计算长江、黄河流域的保土、保水、净初级生产力（NPP）三种生态系统服务，并运用相关分析、约束线法，检验了生态系统服务之间呈现的驼峰型约束或凸波型约束。杨强强等[40]以青弋江流域为研究对象，进行了当量生态系统服务权衡协同度（ESTD）和敏感性分析。郑德凤等[41]运用当量法计算三江源国家公园的供给、调节、支持、文化服务。柳冬青等[42-43]研究了甘肃白龙江流域运用地理探测器分析生态系统服务的驱动因素，并实现生态功能分区。冉凤维[44]运用趋势分析法研究鄱阳湖地区生态系统服务之间的关系，认为食物供给服务与产水服务、保土服务权衡。刘洋等[45]分析了江苏省太湖流域氮、磷净化与水量供给的权衡关系，并运用多元Logistic模型定量识别主导驱动力（居住密度、植被覆盖度和水网密度等）。研究者通过大宁河流域[46]、汉江上游流域[47]等研究论证了土壤保持服务与其他服务之间的权衡关系。徐昔保、杨桂山团队[48]总结了湖泊湿地生态系统服务研究进展，深化相关理论与方法，形成生态系统服务与管理决策的高度结合。

在城市群生态系统服务的研究中，生态系统服务可以用于生态安全格局与生态管理分区等。吴健生将生态系统服务与引力模型相结合，分析珠三角地区的生态安全[49-51]。陈田田[52]运用InVEST模型分析成渝城市群，按照有序加权平均算子（OWA）权衡值前20%作为保护区。于媛等[53]分析了哈长城市群ESTD权衡协同度指数。申嘉澍等[54]分析雄安新区的生物多样性、文化服务（以人口、道路、公园为指标计算）、食物供给（总热量法），结果显示雄安新区生态系统服务之间多为协同关系。徐建英等[55]分析"一带一路"地区生态系统服务的相关系数、莫兰指数。王世豪等[56]研究结果显示粤港澳大湾区大部分协同，仅有东北部和南部呈现权衡状态。税伟等[10]以闽三角城市群为研究对象，运用情景模拟分析保土、保水、NPP和食物供给生态系统服务之间的关系。李欣等[57]运用三生空间指标计算法，分析江苏省生态系统服务，得到生产生态位宽度增加、生活生态位宽度压缩、生态功能生态位宽度增加的结论。范业婷等[58]研究快速城镇化地区，得到粮食生产服务与气候调节服务协同，粮食生产服务与其他服务权衡，水源涵养服务与气候调节服务权衡的结论。杜勇等[59]分析海湾型城市生态系统服务，并运用Logistic-CA-Markov耦合模型对不同情境进行模拟分析。李晶[60-61]分析了关中—天水经济区的ESCI和ESSI指数，认为调节型生态系统服务与供给型生态系统服务权衡。

特殊地形地貌的区域生态系统服务之间关系不同。戴路炜等[62]以北方农牧交错带为研究区域，运用RWEQ模型（NDVI折算）分析防风固沙服务，研究结果显示产水量和防风固沙与其他服务权衡，食物供给与其他服务协同，县级尺度与乡镇尺度不同。王晓峰等[63]分析重点脆弱生态区，显示为整体协同、局部权衡。尹礼唱等[64]分析国家屏障区，结果表明子屏障带整体协同，东北森林局部权衡。孙艺杰等[65]针对黄土高原的研究表明,食物供给服务与其他三种生态系统服务呈现权衡关系。钱彩云等[66]分析河湟谷地生态系统服务中,水质净化—土壤保持服务是权衡关系。孙艺杰等[67]分析陕西河谷盆地,食物供给与NPP、保水服务是权衡关系。张静静等[68]运用InVEST模型,分析得出伏牛山地区61%的森林存在权衡。我国森林生态效益补偿标准为75元/hm²。但森林生态补偿的额度偏低。李文华等[69]认为生态系统服务功能的效益为木材价值的10倍左右。Cao等计算中国的森林生态系统,将净生态系统服务定义为生态系统服务扣除所有成本以后的净值[70]。Chen等将生态系统服务价值运用到中国保护区的土地利用管理上[71]。Wang等的研究表明,降水会显著影响产水量和水土流失,土地利用变化会影响生境质量和碳汇[72]。

在农田生态系统服务功能测度方面,谢高地等从农产品供给服务、碳汇服务、土壤保持和养分循环服务、水调节服务等方面对农田生态系统服务功能进行评估[73];也可以从自然生产过程提供生态服务和人类活动产生的生态服务角度切入分析[74]。农田生态系统比较重要的四种生态服务是土壤碳平衡、土壤氮平衡、N_2O排放控制、水污染控制[75]。罗海平等运用动态化的Costanza修正模型模拟了粮食主产区生态系统服务价值,研究表明2003—2017年我国农田生态系统的生态服务价值贡献率逐年下降[76]。黄端等分析了2000—2015年江汉平原农田生态系统NPP时空变化特征[77]。马笑丹等利用市场价值法、市场替代法、影子价格法等分析了山东聊城的农田生态系统服务价值的变化[78]。李帅等从生产、生活、生态三个方面对农田生态系统服务价值进行评估[79]。沈佳莹等对高标准农田生态系统服务价值进行评估[80]。孙新章等计算了农田生态系统的正面服务价值和由于灌溉、化肥及农药的使用造成的负面损失[81]。杨志新等检验了北京郊区农田生态系统服务价值,结果表明粮食作物的生态系统服务价值逐年降低,其他作物则有所提高[82]。农田生态系统服务的农产品供给服务价值和其他生态系统服务价值的比例大约为1：1[83]。Dominati等强调了土壤变化在农田生态系统服务量化过程中的重要性[84]。生态系统提供各类服务的同时,还应当提高食物安全。粮食生产影响着土地利用类型变化程度,导致了生态系统服务预期发生改变[85]。在中国实施了一系列湿地保护政策后,湿地生态系统服务得到了显著改善,尤其是长江中游和青藏高原[86]。

随着遥感技术的进步和发展,国内外学者对生态系统服务的评估展开了大量的应用研究[87]。通过生态系统服务评估(Ecosystem services valuation,ESV)近50年研究进展分析,Liu等认为ESV能够在一定程度上反映自然资本对人类福利的贡献[88]。生态系统服务价值评估,可用于生态系统服务支付,有利于生态脆弱区减贫[89]。最为有名的实践者是哥斯达黎加政府。Costa Rica在生态系统服务方面做出众多实践探索[90]。哥斯达黎加实施环境服务付费（Payments for environmental services，PSA）项目，对于缓解毁林有显著效果[90]。Luisa Martinez 等利用墨西哥数据检验了土地利用改变对生物多样性和生态系统服务的影响[91]。Arbieu 等以南非四个保护区为例，阐述了生物多样性对于文化生态服务价值的影响[92]。Porter 等将农田生态系统服务分为食物供给服务和非市场生态系统服务[93]。Jenkins 等评估了湿地生态系统服务功能[94]。Castro 等将生态系统服务供给和社会需求联系起来，做生态、社会文化和经济三维价值尺度的权衡分析[95]。城镇化在很大程度上决定生态系统服务，城镇化和生态系统服务之间呈现"U"形关系[96]。Heckwolf 等[97]在研究波罗的海沿海地区的生态系统服务的时候，详细记录了海草、藻类和贝类对于生态系统服务的影响，重点分析原材料供给服务、栖息地服务、污染物管理服务，以及社会经济效益等。

生态系统服务的评估，可以增强公众对于环境保护的意识，评估具体的环境和城市发展政策，有利于土地使用规划和国土空间布局优化[38]。生态系统服务的相关研究有助于构建生态安全格局，识别生态源地、潜在的生态廊道、生态夹点和生态敏感区，从而实现分区分类修复和生态治理。首先，通过水土流失和石漠化情况判断是否属于生态敏感区，根据水源涵养、水土保持、生物多样性和固碳服务判断和识别出重要的生态源地。根据生态源地受到地表覆盖、地形条件和人类活动等的综合阻力，识别出生态廊道、生态障碍点和生态夹点，最终判断出生态保护修复的重点区域[98]。

除了生态系统服务的评估以外，国外学者还得出一些有意思的结论：Wangai 等认为当前的生态系统服务研究 3/4 为价值评估，1/4 为生物物理量化[99]。Ninan 等提出生态系统服务价值评估现有研究的不足之处在于忽视了生态系统服务"损害"，未评估动态因素和环境灾难对生态系统服务的作用[100]。Amacher 等认为不是所有的森林生态服务都是公共品，都需要政府干预，市场化手段是可能的[101]。Sutton 等[102]认为整全价值法可以作为生态系统服务的最低价值评估方法，并以纽约中央公园为例，若将中央公园作为可开发的房地产最低价值为 5 000 亿美元，以 20 年使用期计算，年回报率为 5%（250 亿美元/年），可以作为对 341 公顷土地提供的年度生态系统服务价值的估计，这比基于生物群落评估的生态系统服务估价每年每公顷 7 000 多万美元高出几个数量级。中央公园提供的生态系统服务的极高价值来自社会、自然、人力和建筑资本的相互作用。Halbe 等研究洪水管理中生态系统服务问题，并基于控制情景、管理情景、利益相关者情景分析生态系统服务之间的联系[103]。在海洋生态系统中，海洋生态系统服务预计在 21 世纪将继续下降[104]。Sterner 等[105]收集大量数据，评估世界上最大的淡水湖泊的生态服务价值，包括食物供给服务、交通和运输服务、发电服务、产水和灌溉服务等。工业化和城市化高速扩展的地区，在很大程度上依赖于自然资源的开发和利用，由此带来了生态系统服务与经济发展之间的权衡关系[104]。国外生态系统服务评估最主要集中在水文服务、土壤保护和气候调节方面[106]。Lara-Pulido 等[107]评估了墨西哥的生态系统产品和服务，得出以下结论：支持服务比文化服务和供给服务更有价值；湿地比森林更有价值，森林的服务价值比农作物的供给服务更有价值。生态系统服务在不同区域之间差异较大，分析生态系统服务之间的协同作用，更大范围地制定区域发展和环境保护政策，将有利于提高综合福利[108]。

1.3.3 生态系统服务变化的影响因素分析

生态系统服务的时空格局发生变化，其主要影响因素包括自然地理因素和人文因素。自然地理因素包括地形地貌的因子、地理空间位置、极端气候变化[109-112]等。人文因素主要包括人类活动行为、社会文化因素、制度因素等，也包括历史和社会生态因素[113]。其中人文因素是驱动生态系统服务变化的关键因素。在不同教育背景和社会文化背景下，人类对于生态保护的态度不同，造成偏好的不同，引发了生态系统供给服务、调节服务和文化服务之间的权衡与协同关系的演化。大量的文献资料表明，土地利用变化是最主要的生态系统服务影响因素[114-117]。随着经济的发展，林地、草地、湿地经过人为开发利用，转为耕地、建设用地等，生态系统服务中关键的生态系统服务，例如保水服务、保土服务、生物多样性等发生剧烈变化，给生态系统的稳定性和多样性带来挑战。人口密度、城市化率、人均 GDP、境内外旅游收入对生态系统服务产生影响。生态系统格局和过程的改变，最终影响到生态系统功能，生态恶化又反过来作用于人类的经济社会系统。从宏观层面，政府在制定政策时，也应当考虑对生态系统的影响。例如生态移民政策[118]对于生态系统服务价值的影响机制，退耕还林政策[119-121]对于生态系统服务的影响。从微观层面，人类耕作模式，例如不同轮作模式、间套种模式，对生态系统服务影响较大。对于关键生态系统而言，不同坡度的温度、二氧化碳浓度、空气湿度和光合作用有效辐射对于生态系统服务有影响。

生态系统服务的影响因素包括社会和生态驱动因子，其中自然环境因子包括地形地貌（DEM、坡度等）、气候（降水、温度、风速、湿度等），社会经济系统包括人类活动（土地利用、NDVI、交通等）和社会经济因子[28]（人口、GDP）等。社会经济因素和宏观政策因素都可以影响生态系统服务。江文甲等[122]的研究表明，社会消费品零售总额、GDP 和产业发展显著影响着土地利用格局，从而影响生态系统服务。

生态系统服务随着时空变化存在异质性。在空间关联性分析中，有三种重要的度量方法，莫兰指数、泰尔指数和基尼系数。莫兰指数从低到高，表示生态系统服务遵循迈达尔的梯度经济理论，从"极化效应"转变为"涓滴效应"。泰尔指数变大，说明区域之间的差异性增大。基尼系数变大，说明区域之间的不平衡性增强。构建空间关联网络图，从平均距离、网络密度、关联度、等级度、网络效率、中心性、中心势和平均集聚系数等方面分析空间关联网络的整体结构[123]，从方向性序量、紧凑度、分形维度等几个角度分析空间机理[124]。

1.3.4 生态系统服务权衡与协同分析

权衡与协同的概念最早源于布朗芬布伦纳的生态系统理论，他强调个体的发展嵌套于生态系统中，个体的发展受到生态系统中的生物要素和环境要素的深刻影响，并且生态系统中存在着多重嵌套关系。权衡关系定义为在其他条件不变的情况下，一项生态系统服务增加引起的另一项生态系统服务的减少。协同关系定义为在其他条件不变的情况下，一项生态系统服务增加（或减少）引起的另一项生态系统服务的增加（或减少）。两项生态系统服务之间的权衡关系也可以称为两项生态系统服务是替代关系，协同关系也可以称为两项生态系统服务是互补关系。班杜拉认为，除了生态系对于个体发展的影响外，个体发展同时也对生态环境产生影响。在经济学理论中也有类似的概念，早在20世纪30年代，经济学中边际理论的替代弹性概念拓展到生态学领域，对于权衡与协同关系的数理表现形式起到进一步的促进作用。早期的研究主要集中在生态系统服务的相关关系上，后期拓展到将生态系统服务权衡/协同关系作为一个参数进行研究。

关于生态系统服务的相关文章众多，2001—2020年，累计发表了3 290项[38]关于中国生态系统服务的研究，近年来相关文章不断增加，并且呈现指数型增长趋势。生态系统服务的评估涵盖了大部分生态系统类型，包括森林生态系统[125-128]、农田（耕地）生态系统[73,81,129-130]、海洋生态系统[131]、湿地生态系统[132]、草地生态系统[133-134]、流域生态系统[135-137]等。关注度高的生态系统服务类型依次是调节服务（占70%）、供给服务（占23%）、文化服务（占6%）、支持服务（占1%）[38]。

关于生态系统服务权衡/协同关系的估计方法越来越多。最为常用的方法是运用相关分析，两种生态系统服务之间正相关则为协同关系，负相关则为权衡关系。另一种方法是运用权衡/协同度模型，构建协同度指数衡量两种生态系统服务之间的关系。分析了生态系统现状以后，有必要对生态系统服务的未来发展做出模拟。因此，涉及生态系统服务的情景分析成为研究热点。但是，当试图将评价生态系统服务的基本术语和方法应用于政府决策时存在困难，这是当前科学研究中的重要分歧点[138]。人本位和生物本位的世界观的不同，会对生态系统服务价值评估产生影响[139]。Xu 等[140]分析了中国长江经济带 2000—2015 年五大关键生态系统服务的时空变化，包括水源涵养、土壤保持、固碳和生态多样性保护以及食物供给服务等，运用的模型包括 InVEST、RUSLE、CASA 等，最后通过场景模拟评估出长江流域城市群的生态系统服务关键影响因素。与权衡/协同概念相关的研究是生态系统韧性，生态系统韧性也是基于生态系统服务耦合程度。在生态系统韧性研究方面，借鉴关系经济地理学派和演化经济地理学派的研究[141]，从生产主导、环境保护主导两个维度分析生态系统服务耦合程度对于生态系统韧性的影响。从抵抗力和恢复力两个维度测度生态系统的韧性，并从外生性集群韧性和内生性集群韧性的角度进行区别分析[141]，并具体分析产业多样化、技术导入和开放程度对于生态系统韧性的影响。

  生态系统服务中涉及权衡与协同关系的研究中，结论存在差异。在流域生态系统服务的研究中，方露露等[39]计算长江、黄河流域的保土、保水、NPP 三种生态系统服务，并运用相关分析、约束线法，检验了生态系统服务之间呈现的驼峰型约束或凸波型约束。杨强强等[40]以青弋江流域为研究对象，进行了当量 ESTD 权衡协同度和敏感性分析。郑德凤等[41]运用当量法计算三江源国家公园的供给、调节、支持、文化服务。冉凤维等[44]运用趋势分析法研究鄱阳湖地区生态系统服务之间的关系，认为食物供给服务与产水服务、保土服务权衡。张甜等[46]分析大宁河流域，得到碳储存/有机物质生产—水源涵养/土壤保持之间权衡的结论。陈登帅等[142]用 SWAT 模型分析渭河流域产水服务，并计算碳循环情况，产水服务与生物多样性、固碳服务之间是权衡关系，除此之外还运用生产可能性边界（PPF）方法进行分析。王鹏涛等[47]的研究表明汉江上游土壤保持服务与其他服务是权衡关系。刘海等[143]运用当量因子法、生态系统服务权衡协同度（ESTD）模型，分析丹江口水源区供给、调节、支持、文化服务，结论表明 64% 的地区呈现协同关系，供给服务与调节、文化、支持服务之间是权衡关系。特殊地形地貌的区域生态系统服务之间关系不同。戴路炜等[62]以北方农牧交错带为研究区域，运用 RWEQ 模型（NDVI 折算）分析生境质量，研究结果显示产水量和防风固沙与其他服务权衡，食物供给与其他服务协同，县级尺度与乡镇尺度不同。王晓峰等[63]分析了重点脆弱生态区，表现为整体协同、局部权衡。尹礼唱等[64]分析国家屏障区，结果表明子屏障带整体协同，东北森林局部权衡。孙艺杰等[65]以黄土高原为研究对象，运用 R 语言的 Corrgram 函数和 Scatterplot Matrix 函数计算相关系数，研究结果表明食物供给服务与其他三种生态系统服务呈现权衡关系。这些研究表明，生态系统服务的权衡与协同关系是较为复杂的，关系到整个生态系统的稳定和发展。研究的领域涵盖"一带一路"地区[55]、重点生态脆弱区[144]、北方农牧地区[62]、黄土高原地区[65]、河谷盆地区[67]、水源区[41,47,143]、河流流域[43,45,142,145]、城市群[60]。Cord 等将生态系统权衡分析定义了四个主要目标：一是生态系统的特点和鉴别；二是驱动因素的识别；三是多功能目标和生物多样性约束；四是环境管理政策[146]。土壤保持、生境质量和食物供给是非常重要的生态系统服务。两大重要的场景模拟是日常业务场景（Business as usual，BAU）和环境感知计划（Environmentally sound planning，ESP），其中 BAU 场景一般适用于模拟农田和牧场。一般而言，食物供给服务与土壤保持服务、生境质量呈现权衡的关系[147]。如果降低食物供给服务，有可能提升土壤保持服务和生境质量。

但是生态系统服务的权衡分析有一定的局限性，为了更好分析生态系统的结构变动及影响，Zhou 等开发了农业功能图谱（Agricultural functional spectrum，AFS）模型，用来分析生态系统服务之间的权衡[148]。在农业生产分析中，农业土地固化（Agricultural land consolidation，ALC）是一项重要且有效的分析工具，可以分析农业生产和其他生态系统服务之间的权衡关系[149]。

1.3.5 生态系统服务的情景模拟

在情景模拟方面，主要的方法包括系统动力学模型（SD）[150-154]、CA-Markov[155-156]、CLUE-S 模型[157-159]、SLEUTH 模型[160]、基于智能体模型（Agent-based）[161]等。元胞自动机 CA 模型可以有效地模拟空间的变化，重点刻画元胞之间的相互作用。Markov 模型则从时间上具有长期模拟的优势。CA-Markov 模型融合了时间和空间上的模拟优势，提高了土地利用类型转化的模拟精度[162]。CA-Markov 模型也可以与 Logistic 模型相结合，筛选出土地利用类型变化的驱动因素，使模型与现实的经济社会人文信息更吻合[163]，采用线性合并（Weighed linear combination，WLC）方法可以得到土地利用转移适宜性图集[164]，最后得到模拟结果可以运用于土地利用规划、城市建设、生态修复等[165]，为生态建设提供政策依据[166]。Bagstad 等建立"服务路径属性网络模型"（Service path attribution networks，SPANs），属于代理主体模型的一种，用于生态系统服务流的量化[167]。目前关注生态系统服务权衡/协同关系研究较多，但是与情景模拟和未来模拟结合分析较少。Li 等以中国四川—云南生态屏障为例，运用灰色多目标耦合分析方法优化（GMOP）和斑块生成土地利用模拟（PLUS）模型，评估业务正常（BAU），生态发展优先（EDP），生态和经济平衡（EEB）三种情景下土地利用结构变化以及对生态系统服务价值及经济价值的影响[168]。在区域生态风险评估方面，基于生态系统服务的生态风险评估可以运用在可持续城镇化等问题中，经典财务指标夏普比率、CA-Markov 模型等的运用，有助于分析生态预期收益及其不确定分布，从而识别重点生态风险区域[169]。在生态系统的可持续发展评价方面,基于"属性解析—系统整合"逻辑框架,将生态系统解析为保水、保土、固碳、食物供给等属性,并针对该属性对应农村社区水资源、土地资源、森林资源和耕地资源等生态子系统,整合到耦合协调发展模型中,对乡村生态系统进行可持续发展水平评价[170]。

在可持续的生态管理中,生态系统服务研究是非常重要的部分。在中国的华北平原,土壤保持、水源涵养、固碳服务、食物供给这四种生态系统服务的供需存在不平衡性[171]。Ochoa等指出,目前的生态系统服务的评估模型缺乏有效的验证,评估模型通常是一个黑匣子,面对高度不确定的现状,在决策应用中存在一定程度的可靠性难题[106]。在政策支持方面,生态系统服务的监测,可以帮助政府更好地制定景观规划。因为景观结构是随着空间异质性而改变的,构建景观结构和生态系统服务之间的关系模型,可以有利于形成可持续的多功能的景观利用格局[172]。

当前学者对于生态系统服务功能方面进行了几十年的研究,基本的理论框架并没有太大的改变。随着研究的推进,学者针对不同的研究需求,选择论证需要的若干生态系统服务进行评估,并对方法进行一定的改进,从生态系统服务功能、权衡与协同关系、模拟等方面,不断拓展[173-174]。优化生态系统结构,使之产生更丰富的生态系统服务供给,能够有效促进人类与自然的和谐发展。因此,科学解析生态系统服务内在机制显得尤为关键。

1.4 研究目标

1.4.1 总目标

本研究以安徽省生态系统为研究对象,以"结构/过程—服务—权衡/协同—模拟"为理论核心框架,从生态系统服务的内在机制着手探讨生态系统服务对结构—过程变化的响应及驱动情况,为生态管理政策提供理论和实践依据。

1.4.2 子目标

将总目标分解成以下子目标:生态系统服务功能时空演变特征及空间异质性、重要生态系统服务之间权衡/协同关系及其相互作用、安徽省生态系统服务及其相互关系的影响因素、安徽省重要生态系统服务权衡/协同的驱动机制、不同情景下生态系统服务权衡/协同关系的模拟。

5个子目标之间的逻辑关系是:首先,了解生态系统服务功能的基本情况;其次,对不同生态系统服务之间的关系进行研究和分析,了解静态关系和动态交互关系;再次,深入探索生态系统服务的内在机理,分析不同因素的响应情况,能够更深入剖析内在结构和机理；进一步地，探索人类活动（经济、社会、农业生产等方面）对于生态系统服务的影响机制，为下一步提出可调整可落地的生态管理政策提供理论依据；最后，根据不同情景，模拟生态系统服务未来的发展变化。

1.5 研究内容

一是生态系统服务功能时空演变特征及空间异质性。从安徽省生态系统服务时空格局变迁入手，分析土地利用结构变化对于生态系统服务功能的影响，厘清不同生态系统服务相互关系和时空特征演变。基于2001—2020年安徽省自然生态环境数据及相关人文社会经济数据，评估安徽省食物供给服务、保土服务、保水服务及固碳服务4种重要的生态系统服务。应用空间统计分析法，计算不同尺度范围的生态系统服务空间分异特征。

二是重点进行生态系统服务之间的权衡/协同关系分析，从两个层面进行。一方面是静态层面，运用相关系数法分析生态系统服务权衡/协同关系，得到不同生态系统服务之间此消彼长的关系；另一方面是动态层面，运用脉冲响应法，分析一种生态系统服务对另一种生态系统服务的冲击效应。

三是生态系统服务及其相互关系的影响因素。通过生态系统格局/过程分析，分析各种生态系统服务对不同自然生态要素及土地利用类型变化、产业结构变迁等影响因素。

四是安徽省生态系统服务权衡/协同关系驱动机制。将安徽省生态系统细分为不同区域，识别驱动关键因子，并找出关键驱动路径。从生态系统权衡/协同角度阐释了安徽省在土地利用布局规划时遇到的两难冲突问题，为最优化生态系统服务和农业可持续发展提供政策建议，为安徽省的绿色转型、优化结构布局提出实践指导方案，为制定安徽省可持续发展长效机制提供决策参考。

五是模拟不同情景下生态系统服务权衡/协同关系的变化情况。运用CA-Markov模型，模拟探讨不同情景下生态系统发展的可能方向，并评估不同情景下生态系统内各因素的综合作用，生成不同情景下的土地利用、产业发展的权衡方案。利用情景规划工具，探索生态系统服务的未来发展和变化，可以为土地利用科学决策、资源科学管理实现可持续发展提供一种可能性。以安庆都市圈作为典型案例区是因为皖江经济带是21世纪以来安徽省经济最具活力的区域，都市圈的生态系统具有独特的景观格局，需要兼顾生产和生态属性，形成耦合自然资源属性、社会经济属性、生态环境属性的复杂系统，安庆都市圈是典型代表。选取安庆都市圈作为典型区进行不同情景下的生态系统服务模拟，能够更好地对人类活动进行约束和规范，使受到人类干扰活动较多的生态区域能够实现经济和生态的可持续发展。

1.6 理论框架

基于生态系统稳定性理论，在一定的时空条件下，生态系统组成和结构基本保持稳定，可以称之为稳态。多稳态理论是在生态系统稳定性理论上的继承和发展。多稳态是指生态系统受到外界干扰时从一种稳态到另一种稳态的变化。内部组分结构变动或者外部驱动力的影响都会涉及生态系统服务之间的权衡/协同的关系，从而引发生态系统稳态转换，进而影响人类的福祉。具体而言，生态系统由不同的组分组成，当外部冲击和扰动传达到生态系统时，生态系统的某一部分组成和格局发生变化，原有的生物化学循环模式受到影响，物质能量的动态平衡受到冲击，从而引起了生态系统结构的变化，结构变化带来生态系统功能的变动，这样的生态过程变动发生在生态系统内部。生态系统外部，由生态系统功能决定的生态系统服务随之变化，各项生态系统服务呈现或增加或减少的状态，并且存在着相互影响，呈现出同步增长的协同关系或者此消彼长的权衡关系，最终生态系统发生稳态转换，达到另一层次的生态系统稳定性，直接影响人类的福祉。生态系统服务理论框架详见图1-1。

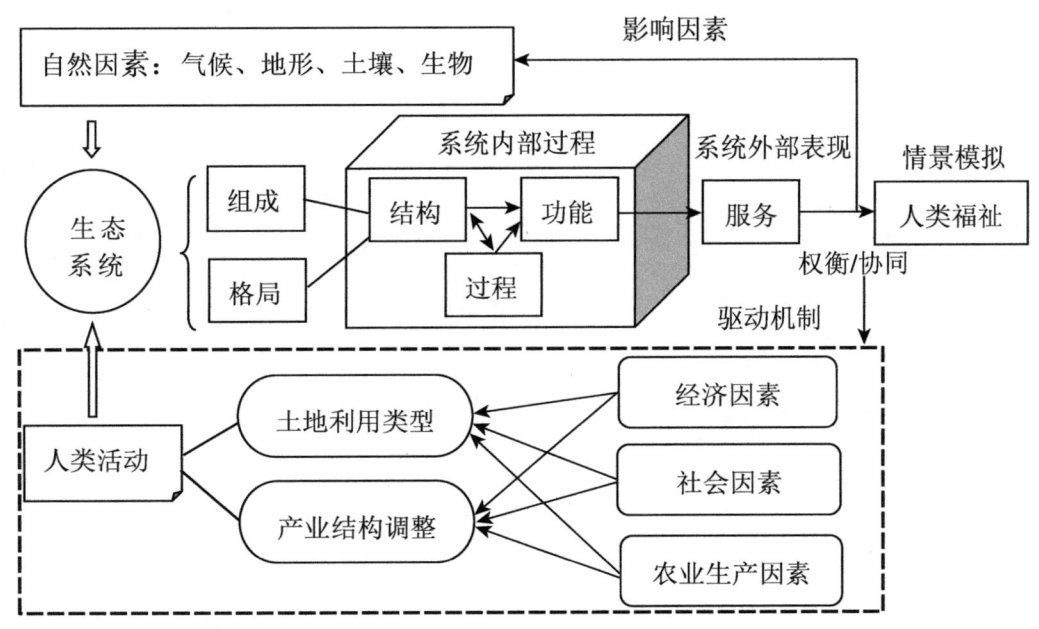

图 1-1 生态系统服务理论框架

2 研究概况与研究方法

2.1 研究区域

安徽省位于中国华东地区，地处长江中下游。安徽省面积为 14 万 km²。长江水道穿省而过，毗邻江苏、河南、湖北、浙江、江西和山东。以淮河为界，皖北属于暖温带半湿润季风气候，皖南属于亚热带湿润季风气候。因此，在气候上安徽省属于暖温带和亚热带的过渡地区，南北差异较大。安徽省三大山脉为天目—白际山脉、黄山和九华山。主要水系是长江、淮河和新安江，分别流经安徽省内 400 km²、430 km² 和 242 km²。长江沿岸的主要港口有铜陵港、芜湖港和马鞍山港。安徽省 4 个资源型城市分别为马鞍山、铜陵、淮南、淮北，目前面临转型压力。安徽省有多个湖泊，其中最大的湖泊为巢湖，面积为 770 km²，是全国第五大淡水湖。2020 年，安徽省常住人口为 6 103 万人，地区生产总值为 3.87 万亿元，第一产业、第二产业和第三产业的占比分别为 8∶41∶51。清朝时期安徽省的省会为安庆，但是安庆地理位置偏南，并且水网遍布，不利于皖北管辖。随着清朝洋务运动的发展，皖北的蚌埠修建大量铁路成为交通枢纽城市，成为重要的行政办公地点。中华人民共和国成立初期，皖南、皖北行署区专署驻合肥和芜湖，1952 年合并为安徽省，省会驻合肥。在行政区划调整上，安徽省行政区划经历较大变动，2011 年巢湖市分拆划归合肥、芜湖、马鞍山管辖，实行"强省会"中心战略，加快合肥现代化大城市建设。2016 年安庆、铜陵、六安、淮南进行行政区划调整，枞阳县从安庆市划归铜陵市，寿县从六安市划归淮南市。近年来，安徽省加强"两山一湖"旅游开发，加快皖江地区经济发展，打造合肥经济圈、马芜铜经济圈等，大幅提升区域经济发展。

从地形地貌对安徽省进行区域分类，可以分为五大区域，分别是皖南山地丘陵区、皖江平原区、皖西大别山区、江淮丘陵区、皖北平原区[175]。

皖北平原区位于淮河以北的大部分地区，包括亳州、阜阳、淮北、宿州和淮南、蚌埠的北部地区，约占安徽省总面积的 1/4。整个皖北平原区处于淮河流域，由淮河冲积而成，地势平坦辽阔。皖北六市聚集了安徽省 43% 的人口，但是 GDP 占比不到全省的 30%。皖北的主要交通枢纽和商贸中心在蚌埠，蚌埠具有一定的区位优势。蚌埠市是同心圆城乡结构，中心城市人口密集土地稀少，未来空间发展向东向西。

江淮丘陵区主要包括合肥、滁州、安庆市的桐城县（市）、马鞍山的含山县，以及淮南、蚌埠的南部地区，占安徽省总面积的 1/4。江淮丘陵区中间是台地，逶迤曲折，位于淮河和长江之间，是长江和淮河的分水岭之一。合肥是江淮丘陵区的重要中心城市。政府以合肥为中心，打造合肥都市圈。

皖西大别山区位于安徽省的西部，是大别山脉的主体部分。皖西大别山区主要包括六安市和安庆市的潜山市、太湖县、岳西县，约占安徽省总面积的1/5。

皖江平原区位于长江中下游段，河网密布、平畴沃野。皖江平原区包括马鞍山市、铜陵市、宿松县、郎溪县、芜湖市和安庆市的部分沿江地区，占全省面积不到1/5。芜湖市是皖江经济带的重要城市，自2008年起芜湖市的GDP位列全省第二。

皖南山地丘陵区主要由安徽省南部三大山脉（九华山、黄山、白际山）构成。这三大山脉为新安江、水阳江和青弋江的分水岭。皖南山地丘陵区主要包括黄山市、池州市、广德市、芜湖市和宣城市的部分地区，占安徽省总面积的1/5。

后续章节研究对象选取的是安庆都市圈。这是因为都市圈与人类的发展更为紧密，都市圈的土地利用矛盾更加突出。以都市圈为研究对象进行情景模拟研究能够使决策者了解在人类社会影响下的生态系统服务时空变化趋势，为制定相关政策提供支持和建议。长江经济带是我国重大国家战略发展区域，近年来，国家对长江经济带的上海和江苏等发达省市实行重工业转移战略。安庆都市圈是长江经济带中的重要一环，承接着城镇化过程中东部产业转移的重要任务。安庆都市圈从边缘城市成为重点开发区，规划新增产业发展空间和土地面积，为新产业发展创造条件。国家战略发展的变化对其生态系统服务的时空格局具有重大影响。因此，选择安庆都市圈作为情景模拟的研究对象具有典型代表意义。

安庆都市圈位于安徽省西南部的长江中下游北岸平原，地势较为平坦，从西北到东南大致分为山区、丘陵区和圩畈区，其余为江湖水面。西北部绵亘大别山主峰，为中低山区；中部是丘陵地带，呈波状起伏；东南部与黄山余脉相接，属于江湖平原。安庆都市圈是皖江的源头，与江西九江隔江相望，安庆港是全国主要港口之一。安庆都市圈是长三角地区27个中心城市之一。

从以往文献来看，在城镇化增长快速的地区，例如长江经济带、成渝城市群、闽三角城市群、关中平原城市群、广州城市群等，食物供给服务与水源涵养、水土保持等调节服务之间存在权衡关系；在生态环境较好并且尚未大面积开发或者秉承生态理念进行合理开发的地区，例如粤港澳大湾区，食物供给服务与水源涵养、水土保持等调节服务之间则为协同关系[10,39,52,56,59,176-177]。从整全科学视角，审视各相关利益主体和生态系统的互动效应。在研究都市圈生态系统服务时，已有研究强调：①生态系统服务与经济发展之间的权衡/协同关系。在研究方法上，可以对比分析经济集聚与生态系统服务集聚的分布格局，根据结果制定管控用地或加强开发生态产品的对策建议[178]。②土地利用碎片化对于生态系统服务的影响。都市圈因人类活动导致土地利用破碎化程度较其他生态系统更严重，都市圈的景观斑块密度指数、林地水域的破碎化影响着生态系统服务价值的上升或下降[179]，破碎化过程中废弃物处理、土壤形成、食物生产等各项价值发生了变化[180]。③与城镇化率之间的关系[181]。④环境负荷率和可持续发展指数[182]。

为了解安庆都市圈生态系统服务时空格局变迁的特点，本研究选取安庆都市圈作为研究对象，具体包括安庆中心都市区、桐潜重点发展区、西南沿江发展区和西北生态发展区4个区域，利用相关分析和CA-Markov方法，分析2000年以来不同生态系统服务的时空特征，测算不同生态系统服务之间的权衡或协同关系，并模拟未来的生态系统服务，以期为安庆都市圈可持续发展决策提供参考。

2.2 研究区概况

2.2.1 安徽省地形地貌分析

安徽省位于长江中下游，属于华东地区，淮河和长江穿省而过，拥有中国五大淡水湖之一的巢湖。俗话说，安徽省"两根筷子夹着碗，屏障在西也在南"，两根"筷子"是指淮河和长江，"碗"是指中国五大淡水湖之一的巢湖，西边有大别山，南面有九华山和黄山，形成了两个屏障。

从整体来看，有中国南北分界线之称的淮河穿省而过，因此安徽省具有南北气候类型。皖北和皖南具有明显的地形地貌差异，皖北以平原为主，皖南主要为丘陵山地。安庆市西北部、六安市的南部是大别山山脉，池州市、黄山市和宣城市处于九华山、黄山、白际山为主要山脉的南部山区。大别山山脉和南部山区山脉是安徽省海拔最高的地区。此外，滁州市内有张八岭山脉，巢湖的东南部为北硖山。皖北大部分地区为平原，是安徽省主要的粮食生产基地。

2.2.2 安徽省水文分析

两条重要的河流，淮河和长江流经安徽省。安徽省的淡水湖众多，其中巢湖是安徽省内最大的淡水湖，位于安徽省中部，面积780 km²，容积逾20亿m³。在巢湖的周围分布着35条大大小小的河流，巢湖的水系主要来自西北部的山地，其中以杭埠河、白石天河和南淝河为主，南部有少量水系汇入，经过裕溪河流入长江。巢湖的形成是由安徽大陆两大板块断陷而成，大别山的流水在此受阻形成湖泊。巢湖形成初期湖泊面积达2 000 km²，之后湖泊面积不断缩小。湖区活动积温4 500 ℃，年降水量在1 000 mm左右。

从安徽省近30年平均降水量①来看，安徽省降水量较多集中在皖南山地丘陵区

---

① 1991—2020年30 m分辨率年平均降水量数据来源于"高分辨率山地环境制图计划（FRMM）"，由中国科学院水利部成都山地灾害与环境研究所数字山地与遥感应用研究中心生产。

和皖西大别山区，皖北平原区的降水量最少。总体而言，降水量由南到北依次降低，从山地到平原依次降低。

从时间维度分析，2000年安徽省年降水量较少，高值区位于皖南山地丘陵区的南部少部分地区，低值区位于皖北平原区的东南部。2010年，安徽省年降水量大幅增多，皖南山地丘陵区和皖西大别山区南部、皖江平原区的西部是年降水量的高值区，低值区位于皖北平原的北部，整体趋势是由南到北年降水量逐渐减少。2020年，安徽省年降水量较往年大幅增加，安徽省的南部地区依然是年降水量的高值区，北部低值区的年降水量较往年也有所增加。

2.2.3 安徽省土地利用类型

本研究选取的数据来源于武汉大学CLCD数据集，该数据集提供了2000—2020年数据精度为30 m的土地利用数据。土地利用类型分别为耕地、林地、草地、水体、建成区（表2-1）。

表2-1 土地利用类型分类情况

编码	英文代码	土地类型
1	Cropland	耕地
2	Forest	林地
3	Grassland	草地
4	Water	水体
5	Impervious	建成区

从土地利用类型来看，安徽省绝大部分地区为平原，拥有60%左右的耕地面积。在西部和南部有大量的林地资源，约占安徽省总面积的1/4。淡水资源较为丰富，其中呈现"心形"的巢湖和两条重要河流——淮河和长江为安徽省提供丰富的水文环境，约占安徽省总面积的5%。安徽省建成区主要集中在巢湖北面的合肥，以及长江、淮河两岸的城市经济带。近年来，建筑面积占比为1/10左右。

从时间序列来看（表2-2），安徽省的耕地呈现不断下降的趋势，耕地面积占比从2000年的63.55%下降到2020年的59.81%。2000—2020年，建筑用地面积呈现较大的变化，从2000年的6.12%上升到2020年的9.43%，接近安徽省占地面积的1/10。林地面积的变化不大，2020年的林地面积占比为25.78%。水体面积变化亦不大，保持在5%左右。

表 2-2 安徽省土地利用类型占比变化（2000—2020 年）

土地利用类型	2000 年	2005 年	2010 年	2020 年
耕地	63.55%	62.05%	60.75%	59.81%
林地	25.55%	26.40%	26.67%	25.78%
草地	0.10%	0.07%	0.07%	0.03%
水体	4.68%	4.91%	5.01%	4.95%
建筑用地	6.12%	6.56%	7.50%	9.43%

从分区来看（表 2-3），五大地貌区的土地类型有显著差异。皖北平原区土地平整辽阔，适宜农业生产，是重要的粮食生产地，耕地面积占比 81.29%，建筑用地面积占比 16.4%。江淮丘陵区亦有大量的耕地，占比 74.55%，因丘陵遍布，森林资源较为丰富，林地占比 6.66%，另外，江淮丘陵之间有众多河流分布，因此水系也较为发达。皖西大别山区有近一半的林地和近一半的耕地，建筑面积较少。皖江平原区因为处于皖江流域，河流遍布，水资源较为丰富，地势平坦，耕地面积也较多，占比 67.49%。皖南山地丘陵区建筑用地面积占比 1/5 以上，林地面积占比一半左右，耕地面积不足 1/5。

表 2-3 2020 年安徽省五大地貌区土地利用类型占比

土地类型	皖北平原区	江淮丘陵区	皖西大别山区	皖江平原区	皖南山地丘陵区
耕地	81.29%	74.55%	43.42%	67.49%	19.65%
林地	0.24%	6.66%	48.78%	11.01%	56.93%
草地	0.07%	0.01%	0.01%	0.00%	0.01%
水体	2.01%	7.37%	3.15%	13.42%	2.19%
建筑用地	16.40%	11.40%	4.63%	8.07%	21.23%

总体而言，从土地利用类型的时空变化来看，安徽省处于快速城镇化时期，大量的耕地面积被转化为建筑用地面积。在工业化时代，生态系统服务也会因为土地利用类型的改变而发生变化。步入生态文明时代之后，生态系统服务功能被强化和重视，因此，如何兼顾经济和生态两方面的需求，是一个核心而重要的问题。

2.2.4 安徽省人口时空分布

安徽省是人口大省，因地处长三角地区，与江浙沪等地相比经济发展水平较低，导致长期以来人口大量流出，人口增长速度长期低于全国平均水平。在 2011 年巢湖市分拆之后，安徽省执行"强省会战略"，合肥人口迅速增长，也带动了芜湖、马鞍山等城市的发展。

根据第七次全国人口普查结果显示，2020 年安徽省人口 6 103 万人，常住人口中，城镇人口 3 560 万人，占 58.33%，乡村人口 2 543 万人，占 41.67%。城镇人口增加 1 002 万人，乡村人口减少 849 万人① (图 2-1)。与 2010 年第六次全国人口普查相比，年均人口增长率为 0.25% (图 2-2)，十年人口增速为 2.57%，远低于浙江省 (18.63%) 和江苏省 (7.74%) 等长三角地区地方人口增速。

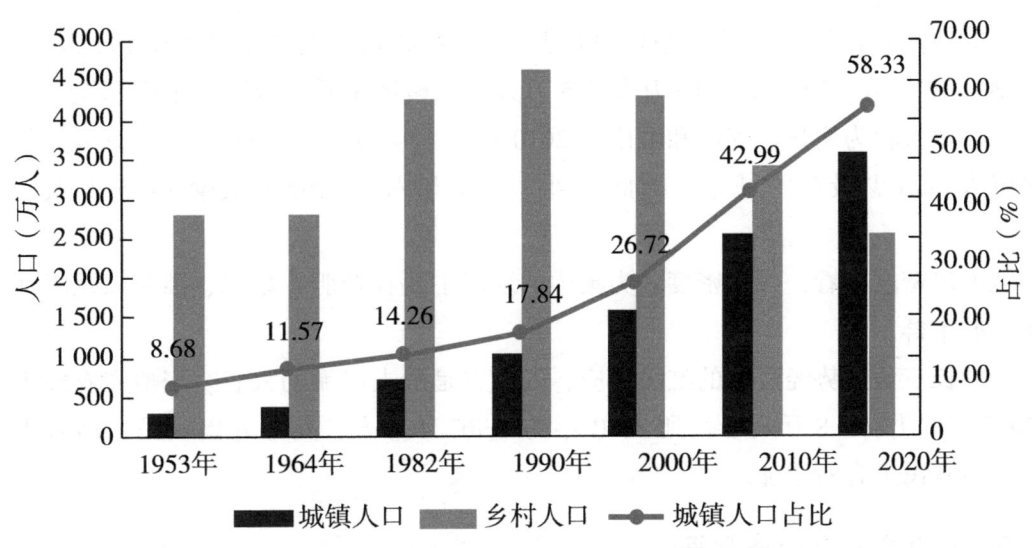

图 2-1 安徽省历次人口普查城乡人口

(数据来源：安徽省第七次全国人口普查公报)

从人口基数来看，合肥市 2020 年常住人口 937 万人，占全省的 15.35%，超过 2010 年排名第一的阜阳成为安徽省人口第一大市。除此之外，2020 年安徽省常住人口较多的地区为阜阳 (820 万人，13.44%)、宿州 (532 万人，8.72%)、亳州 (500 万人，8.19%)、安庆 (417 万人，6.83%)。

从人口增长来看，与 2010 年相比，安徽省有 6 个地区常住人口提升，人口增

---

① 数据来源：安徽省第七次全国人口普查公报。

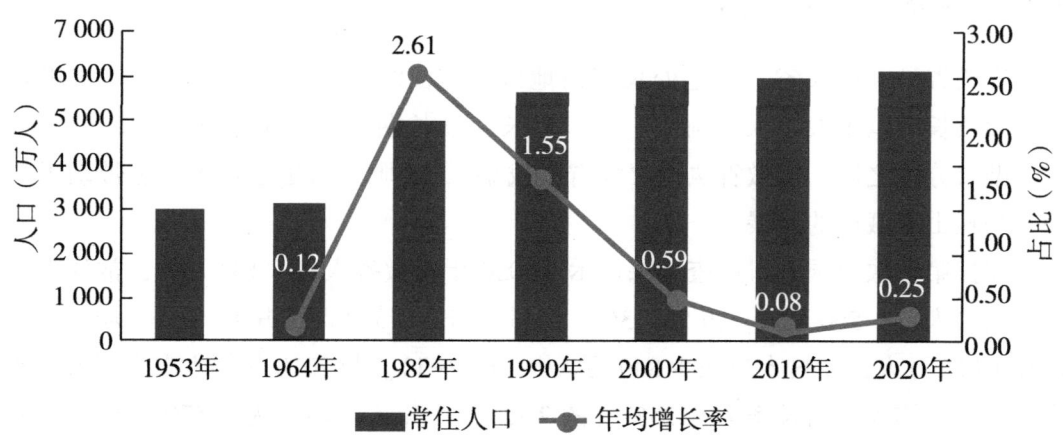

图 2-2 安徽省历次人口普查常住人口及年均增长率

长较大的地区为合肥、阜阳、亳州、蚌埠、芜湖和滁州,人口分别增长 191 万人、60 万人、15 万人、13 万人、10 万人和 5 万人。从整体来看,合肥都市圈和皖北地区的人口增长较为明显。安庆和淮南自 2010 年起十年间人口均减少了 30 万人,是安徽省人口减少最多的城市。除此之外,铜陵和六安也分别减少了 25 万人和 21 万人。

从人口密度来看,人口密度较为集中的地区主要在合肥、阜阳、淮北以及皖江经济带城市群。

受到长三角强势经济体的虹吸效应,安徽省是个人口流动大省。安徽省农民工从 2015 年的 1 858.8 万人增长到 2020 年的 1 967.4 万人,其中外出农民工略有下降,本地农民工有所增加。

2.2.5 安徽省社会经济数据

2020 年,安徽省地区生产总值 3.9 万亿元,居民消费价格指数为 102.7。2020 年合肥市 GDP 达到 6 833 亿元。芜湖市位列第二,GDP 达到 2 962 亿元。合肥市的 GDP 是第二名芜湖市的 2.3 倍。马鞍山市和蚌埠市的 GDP 分别为 1 252 亿元和 1 087 亿元。其余地市的 GDP 均在千亿元以下。黄山市、宣城市和池州市是安徽省 GDP 最低的 3 个地市。从人均 GDP 来看,排名前 3 位的地市为芜湖市、合肥市和马鞍山市。其中,芜湖市人口仅为合肥市的 1/3,因此从人均 GDP 来看,芜湖市高于合肥市。

安徽省 2020 年 GDP 热点区域主要集中在江淮丘陵区的合肥都市圈内,冷点区域位于皖南山地丘陵区的大部分地区。第一产业产值的热点区域集中在江淮丘陵区和皖北平原区，这两个地区地貌平坦，耕地较多，适宜农作物耕作，因此第一产业产值较高。第一产业产值的冷点区域位于皖南山地丘陵区、皖西大别山区等地。第二产业产值的高值区主要位于合肥都市圈，冷点区域位于皖南，空间分布情况类似于GDP空间分布。第三产业产值的热点区域位于江淮丘陵区的中心位置，热点范围更大，热点值更高，说明第三产业产值具有空间溢出效应。第三产业产值冷点区域依然位于皖南山地丘陵区，即使拥有黄山、九华山等景区资源，皖南山地丘陵区的第三产业产值依然表现较弱。

2.2.6 安徽省生态及经济政策变革

2003年，安徽省委、省政府做出了推行"安徽生态省建设"战略决策，安徽省正式成为全国生态省建设试点省份之一。从2004年起，安徽省委、省政府决定全面实施"861"行动计划，即建设八大产业基地和六大基础工程，人均GDP达1 000美元。"861"行动计划主要涉及加工、能源、原材料、化工、农副加工、高技术、旅游、文化八大产业，这八大产业主要服务于城镇化和经济发展。2004年2月，安徽省政府出台《安徽生态省建设总体规划纲要》，标志着安徽生态省建设的顶层制度设计完成，进入实施阶段。2010年，处于"十一五"和"十二五"规划产业结构变动较大的时间临界点，因此产业结构变动可能是造成生态系统服务变动的主要原因。2011年10月，安徽省第九次党代表大会提出"三个强省"战略。2012年10月，《生态强省建设实施纲要》颁布。在2015年以后，随着"生态文明建设"的持续推进，安徽省各大资源型城市从能耗型转向资源节约型，逐步完成了生态转型，各地政府签署"目标责任书"制定环境保护的相关政策，大力引导绿色发展。2016年3月，《安徽省生态文明体制改革实施方案》出台。安徽省实施"十三五"规划，结构性调整是政府重要的执政目标之一，鼓励节能环保企业的科技创新和应用推广，取得了一定的成效。2020年7月，安徽省开始实施"三线一单"① 生态环境分区管控。2021年，在习近平生态文明思想的引领下，安徽省正式开始贯彻落实《中华人民共和国长江保护法》。安徽省深入理解习近平总书记的重要讲话精神，深入践行两山理念，进入法治保障绿色可持续发展的新的历史阶段。

2.3 数据来源

土地利用类型来源于武汉大学提供的CLCD数据集[183]，基于各期Landsat TM/ETM遥感影像经过人工目视解译而成的。土地类型分为农田、森林、草地、水体、

---

① "三线一单"，指的是生态保护红线、环境质量底线、资源利用上线和环境准入清单。

建筑用地等，空间分辨率为 30 m。

DEM 数据选用 ASTER GDEM 数据产品，分辨率为 30 m，来自地理空间数据云平台（http://www.gscloud.cn）。

降水量，1991—2020 年 30 m 分辨率年平均降水量数据来源于"高分辨率山地环境制图计划（FRMM）"，由中国科学院水利部成都山地灾害与环境研究所数字山地与遥感应用研究中心侵蚀地貌过程与生态过程研究团队生产。

MODIS 的 NDVI 数据，空间分辨率为 1 km，具体为 MOD13A3 数据（http://www.resdc.cn/）。

中国科学院资源环境科学数据中心的土壤类型与质地等相关数据，空间分辨率为 500 m（http://www.resdc.cn/）。

社会经济统计数据，来源于《安徽统计年鉴》[184]。

植被净初级生产力 NPP 数据来源于 MODIS，空间分辨率为 500 m，经过立方数据学社编辑制作而成。

流域及其河网的空间分布数据，来源于中国科学院资源环境科学数据中心（https://www.resdc.cn/DOI/doi.aspx?DOIid=44）[185]。

人口密度数据，空间分辨率 100 m，单位（人/100 m），投影为地理坐标系 WGS84，数据来源为 worldpop 网站。

碳排放量数据，来源于中国碳评估数据库（CEAD）（https://www.ceads.net/data/county/）。

2.4 研究方法

2.4.1 生态系统服务评估方法

2.4.1.1 水源涵养服务

运用综合蓄水法计算生态系统的水源涵养生态系统服务。具体公式和取值[186]如下：

$$Q = C + L + SW$$

其中，Q 表示生态系统水源涵养量，C 表示林冠层截留量，L 表示枯枝落叶层截留量，SW 表示土壤蓄水量。

林冠层截留量：

$$C = a_i \cdot R \cdot A_i$$

其中，a_i 是 i 种土地利用类型的林冠层截留率（%），R 是年降水量最大值（mm），A 是面积。

枯枝落叶层持水量:

$$L = \delta A_i$$

其中,δ 为枯枝落叶层最大持水量。

土壤蓄水量:

$$SW = \beta \cdot A \cdot h$$

其中 β 是非毛管孔隙度(%),h 是对应的土壤厚度。

水域水源涵养量为产水量数据。

水源涵养服务参数见表2-4。

表2-4 水源涵养服务参数

编码	土地类型	林冠截留率(%)	枝落叶层干质量(t/hm²)	饱和吸水量(%)	土壤非毛管孔隙度(%)	土壤深度(m)
1	耕地	5.2	3.2	50.2	7.2	0.2
2	林地	19.4	24.6	276.5	13.5	0.2
3	草地	4.1	4.4	40.7	6.1	0.2
4	湿地	17.2	17.2	324.4	15.3	0.2

注:参数参考前人研究成果[186-187],其他缺省值根据实际情况调整确定。

2.4.1.2 土壤保持服务

分析土壤坡面发生侵蚀情况是生态系统服务土壤保持中的重要环节,为制定合理的水土保持政策提供决策参考,有利于区域范围内水土保持工作的开展,也有利于下游供水、灌溉、生产和游憩等。

土壤保持服务的计算主要有统计数据直接计算法和"3S"技术模型计算法。其中计算科学简便、被广泛使用的计算模型是通用土壤流失方程(Universal Soil-Loss Equation)[188]。计算公式[189-190]为:

$$USLE = R \cdot K \cdot LS \cdot P \cdot C$$

$$SD = R \cdot K \cdot LS \cdot P \cdot (1-C)$$

$$R = 3.046 \times rain - 2.6398$$

$$L = (\lambda/22.13)^m$$

$$S = \begin{cases} 10.8\sin\theta + 0.30 & (\theta < 5\%) \\ 16.8\sin\theta - 0.50 & (5\% \leqslant \theta < 10\%) \\ 21.9\sin\theta - 0.96 & (\theta \geqslant 10\%) \end{cases}$$

$$C = \begin{cases} 1 & c = 0 \\ 0.650\,8 - 0.343\,6 \times \lg(c) & 0 < c \leqslant 78.3\% \\ 0 & c > 78.3\% \end{cases}$$

$$c = \frac{NDVI - NDVI_{\min}}{NDVI_{\max} - NDVI_{\min}}$$

$$K = \{0.2 + 0.3 \times \exp[-0.025\,6 \times SAN(1 - SIL/100)]\} \left(\frac{SIL}{SLA + SIL}\right)^{0.3}$$
$$\times \left[1 - 0.25 \times \frac{TOC}{TOC + \exp(3.72 - 2.95 \times TOC)}\right]$$
$$\times \left[1 - 0.7 \times \frac{SN}{SN + \exp(22.9SN - 5.51)}\right]$$

式中，USLE 为土壤流失量（t），SD 为土壤保持量（t），R 为降水侵蚀力因子，K 为土壤可蚀因子，L 为坡长因子，S 为坡度因子，P 为水土保持措施因子，C 为植被覆盖因子。rain 为年降水量（mm）。NDVI 为归一化植被指数。SAN 为砂粒含量（%）；SIL 为粉砂含量（%）；SLA 为黏粒含量（%）；TOC 为有机碳含量（%）。SN=1-SAN/100。取值范围参考相关文献[189,191-193]。

安徽省有两条重要的河流，长江和淮河，其径流的含沙量对整个流域将产生重要影响。为分析径流的含沙量，需要具体分析两大因素，一是流域土壤侵蚀情况，二是坡面径流的泥沙淤积情况。这两个生态过程将受到年降水量、土壤质地、地形地貌、植被覆盖程度以及人类的水土保持措施等因素的影响。人类在城镇化过程中改变了土地利用类型，改变了土壤表层结构，在降水和地表径流的共同作用下，土壤表层的颗粒结构发生变化，在不停地冲刷、沉积、侵蚀的过程中造成不同程度的土壤侵蚀量。

2.4.1.3 固碳服务

固碳服务与净初级生产力密不可分，为了更好估计固碳服务，首先要进行净初级生产力的计算。净初级生产力（Net primary productivity，NPP）是指绿色植物在单位时间、单位面积内所积累的有机物的数量，是由植物光合作用所产生的有机质总量中减去自养呼吸后的剩余部分[194-195]。NPP 的评估模型包括光能利用率模型（Light use efficiency，LUE）、植被光合作用模型（Vegetation photosynthesis model，VPM）等。其中 VPM 模型是目前结构较为简单，模拟精度较好，计算效率较高，应用范围较广的模型之一。与 LUE 模型相比，VPM 模型在评估时区分了叶绿素吸收的光合有效辐射部分和非叶绿素吸收部分[196]。具体计算公式为：

$$NPP = s \times GPP$$

$$GPP = \varepsilon_g \times FPAR \times PAR$$

$$\varepsilon_g = \varepsilon_0 \times Tem \times Water \times Phe$$

式中，NPP 为植被净初级生产力，g/m²；GPP 为植被总初级生产力，g/m²；s 为呼吸消耗与 GPP 的比例系数；ε_g 为实际光能利用率，g/MJ；FPAR 为叶绿素吸收的光合有效辐射比例；PAR 为光合有效辐射，MJ/m²；ε_0 为最大光能利用率，g/MJ；Tem、Water、Phe 分别为温度、水分、物候对于最大光能利用率的调节系数[77]。

每个单位的植物净初级生产力 NPP 相当于 2.2 个单位的有机物质[197]。根据植物光合作用的化学方程式：

$$6CO_2 + 6H_2O \rightarrow C_6H_{12}O_6 + 6O_2$$

植物通过光合作用合成 1 g 有机质能够固定 1.63 g CO_2，1 g CO_2 包含 0.27 g C。由此可以构建固碳服务的方程：

$$G = NPP \times 2.2 \times 1.63 \times 0.27$$

2.4.1.4 食物供给服务

人类从生态系统获得各类食物，维持基本生存需要。在生态系统中，提供食物供给服务的主要有耕地、林地和水域 3 种土地利用类型。其中耕地主要提供粮食作物，林地主要提供林木、水果等产品，水域生产淡水鱼类。以统计年鉴数据为基础，评估不同土地利用类型的食物总产值。计算公式为：

$$V = \sum_{j=1}^{i} y_j \times S$$

式中，V 为食物总产值；y_j 为不同土地类型的单位产值；S 为土地类型的面积。

2.4.2 生态系统服务权衡/协同的量化方法

2.4.2.1 静态分析：皮尔逊相关分析

分析不同生态系统服务之间的权衡与协同关系最主要的分析方法是皮尔逊（Pearson）相关系数分析。首先，运用 ArcGIS 10.0 中在 4 种生态系统服务栅格图中每间隔 1 km 设置一个空间采样点，将采样点数据导出；然后，运用 R 软件对 4 种生态系统服务采样点的导出数据进行皮尔逊相关系数分析。

2.4.2.2 动态交互：向量自回归模型与脉冲响应分析

1958 年，生态学家 Elton[198]提出生态系统稳态理论，他认为生态系统内组分、构成和功能基本保持恒定，稳定的群落是生态系统稳定性的基础。根据生态系统稳态理论，生态系统结构、功能和服务之间存在正、负反馈作用，环境变化对于生态系统的影响是深刻和复杂的,并产生一定程度时滞效应。通常情况下,生态系统会经历从一个稳态向另一个稳态转变的过程[199]。1969 年,Lewontin[200]在生态系统稳态的基础上,提出了多稳态的概念。在生态系统中,相同的环境参数条件可以得到不同的稳态解[201]。当外部冲击对生态系统干扰大于其恢复力,超过自调节的阈值,就会发生生态转型,继而形成另一稳态。因此,一项生态系统服务的变化,可能会形成对于其他生态系统服务的短期扰动和长期胁迫。诸多因素会影响着生态系统组分之间的相互作用。不同生态系统服务之间的作用形成和作用强度,对于人类评测和判别生态系统稳定机制具有重要的科学意义。

(1) 模型构建

在 4 种重要的生态系统服务中,因土地等资源要素约束导致食物供给服务与其他 3 项调节服务之间出现权衡关系。为了更加详细地阐述食物供给服务对于其他 3 项调节服务之间的互动关系,本研究以 4 项重点生态系统服务为内生变量,构建向量自回归模型 VAR,分析安徽省生态系统服务的多元时间序列的相关关系,从而更好地说明食物供给服务变动如何影响固碳服务、保水服务、保土服务。

具体而言,选取 2000—2020 年安徽省生态系统食物供给服务、固碳服务、保水服务、保土服务的年平均值作为脉冲分析的 4 个内生变量,重点分析固碳服务、保水服务以及保土服务对于食物供给服务的脉冲响应,从而更好地展示 4 种生态系统服务之间权衡/协同关系的相关作用和影响过程。

$$shiwu = shiwu.l1 + gutan.l1 + baoshui.l1 + baotu.l1 + shiwu.l2$$
$$+ gutan.l2 + baoshui.l2 + baotu.l2 + const$$
$$gutan = shiwu.l1 + gutan.l1 + baoshui.l1 + baotu.l1 + shiwu.l2$$
$$+ gutan.l2 + baoshui.l2 + baotu.l2 + const$$
$$baoshui = shiwu.l1 + gutan.l1 + baoshui.l1 + baotu.l1 + shiwu.l2$$
$$+ gutan.l2 + baoshui.l2 + baotu.l2 + const$$
$$baotu = shiwu.l1 + gutan.l1 + baoshui.l1 + baotu.l1 + shiwu.l2$$
$$+ gutan.l2 + baoshui.l2 + baotu.l2 + const$$

其中,shiwu 表示食物供给服务,shiwu.l1 和 shiwu.l2 分别是食物供给服务的 1 期和 2 期滞后项;gutan.l1 和 gutan.l2 分别是固碳服务的 1 期和 2 期滞后项;baoshui.l1 和 baoshui.l2 分别是保水服务的 1 期和 2 期滞后项;baotu.l1 和 baotu.l2 分别是保土服务的 1 期和 2 期滞后项;const 为常数项。

(2) 向量自回归模型与检验

为了厘清生态系统服务之间的相互关系,本书采用面板向量自回归模型做进一步分析。

平稳性检验：要进行向量自回归模型分析，需要保证向量自回归模型是稳定的，因此需要单位根检验。模型中时间序列协方差恒定的前提就是需要均值回复（Mean reverting），即数据变动的趋势都是倾向于回归均值的。换句话说，需要保证模型的数据是协方差平稳的，才能更好地估计参数。设置 AR（1）模型，运用 Dickey-Fuller 检验单位根情况，斜率系数显著不等于 1 则通过检验。对于没有通过检验的不平稳变量进行一阶差分，然后进行向量自回归模型建模。对于已经通过平稳性检验的，还需要用 Johansen test 做协整检验，目的是将长期和短期相关联。换句话说，可以短期偏离，最终恢复到长期稳态即可，从长期来看两个变量的关系是稳定的。

首先，进行包含时间趋势项的单位根检验，分析结果表明数据是非平稳的。然后，对变量进行一阶差分，Z 统计量的 P 值接近于 0，因此数据是平稳的。建立回归模型，根据 Log likelihood 和 AIC 信息标准选择滞后阶数。卡方检验结果显示 P 值接近于 0，通过检验。最后，运用格兰杰因果检验进一步确认生态系统服务之间的因果关系，即可检验不同生态系统服务之间的相互动态影响和作用情况。通过格兰杰因果检验后，进行脉冲响应分析。模型结果可以显示当有来自一项生态系统服务的冲击时，生态系统会随着做出反应。

（3）脉冲响应分析

1980 年，著名经济学家、后来诺贝尔奖获得者 Sims 提出向量自回归模型，用于分析一个变量变动对其滞后变量和模型中其他变量的作用和影响情况。因为向量自回归模型的实现不需要设定变量之间因果关系，模型中所有变量都为内生变量，运用 Cholesky 分解可以较为便捷地分析一个变量对于其他变量的影响情况。面板向量自回归模型，与向量自回归模型相比，还具有截面和时序两个维度，因此可以有效捕捉区域差异特征，通过刻画时间差异性从而形成各地区生态系统服务冲击的差异政策启示。脉冲响应分析是基于面板数据向量自回归模型的框架。1990 年，Blanchard 对向量自回归模型进行改进，通过加入结构性约束识别结构化信息，从而使得脉冲响应具有可解释性。

向量自回归模型的公式为：

$$y_t = v + A_1 y_{t-1} + \cdots + A_p y_{t-p} + B_0 x_t + B_1 x_{t-1} + \cdots + B_s x_{t-s} + \mu_t$$

其中，y_t 为响应变量，y_{t-1} 为滞后项，x_t 为其他变量，A_p 和 B_s 分别代表待估计系数，μ_t 和 v 为残差项。模型中一个变量是滞后项和其他变量的函数。

如果向量自回归模型是稳定的，那么方程组的特征根都在单位圆内。向量自回归模型也可以转化成以下向量移动平均的表达形式：

$$y_t = \mu + \sum_{i=0}^{\infty} D_i X_{t-i} + \sum_{i=0}^{\infty} \varphi_i \mu_{t-i}$$

其中，$\sum_{i=0}^{\infty} D_i$ 表示转换方程，$\sum_{i=0}^{\infty} \varphi_i$ 表示脉冲响应函数。

2.4.2.3 区域差异分析

根据自然地理分析和生态系统理论建立相关模型如下：

$$y_{i,t} = \alpha_0 + \alpha \cdot D + \sum \beta_k N_{i,t} + \sum \beta_m N_{i,t} \cdot D + \sum \beta_j \ln C_{i,t} + \mu_i + \theta_t + \varepsilon_{i,t}$$

$y_{i,t}$ 取值为 $Rswgt$、$Rswbt$、$Rswbs$、$Rgtbt$、$Rgtbs$、$Rbtbs$，分别代表第 i 个地区第 t 年的生态系统服务之间的相互关系，其中 $Rswgt$ 表示食物供给服务与固碳服务之间的相关关系；$Rswbt$ 表示食物供给服务与保土服务之间的相关关系；$Rswbs$ 表示食物供给服务与保水服务之间的相关关系；$Rgtbt$ 表示固碳服务与保土服务之间的相关关系；$Rgtbs$ 表示固碳服务与保水服务之间的相关关系；$Rbtbs$ 表示保土服务与保水服务之间的相关关系。

$N_{i,t}$ 表示模型所有需要研究的主要解释变量，后文将详细阐述其具体取值范围。D 表示地区分类的虚拟变量，分别为皖北、皖南和皖中。目的在于分析不同地区之间的差异性和显著性。$C_{i,t}$ 为控制变量，包括自然地理环境变量、土地利用结构变量、农业产业结构变量、社会人文因素和农业生产方式等。α 为截距项，反映了皖北、皖南、皖中的截距项差异。β 为相关系数，其中 β_k 反映了控制其他相关变量后解释变量对于生态系统服务权衡/协同关系的影响；β_m 反映了不同地区（皖北、皖西、皖南）估计系数的差异。μ_i、θ_t、$\varepsilon_{i,t}$ 分别代表个体效应、时间效应和随机干扰项。

2.4.3 驱动机制的研究方法

各项生态系统服务之间存在权衡/协同关系，辨析生态系统服务权衡/协同关系的驱动因素，有利于了解关键因素和影响路径，从而更好地制定生态管理政策，调控生态系统服务，最大化人类福祉。人类的活动最为直接的体现是土地利用类型的改变，这种干扰会引起土地覆被和土壤结构的变化，对产流、固碳、蓄水、侵蚀等产生正面或者负面的影响，进而影响生物物质能量循环，直接或者间接影响生态系统功能，系统功能的变化体现在水源涵养、土壤保持、生物多样性等生态系统服务的波动。同时，生态系统服务内部各项生态系统服务之间存在着互馈和耦合效应，最终生态系统服务权衡/协同关系发生改变。本研究利用 2001—2020 年安徽省生态系统服务数据、自然环境数据，分析生态系统服务的影响因素，辨析生态系统对于扰动的影响模式，从而更深入研究生态系统服务的内涵和生态过程。

模型变量说明如表 2-5 所示。

表 2-5 模型变量说明

变量性质	变量缩写	变量解释	单位
因变量 Y	Rswgt	食物供给服务与固碳服务相关系数	
	Rswbt	食物供给服务与保土服务相关系数	
	Rswbs	食物供给服务与保水服务相关系数	
	Rgtbt	固碳服务与保土服务相关系数	
	Rgtbs	固碳服务与保水服务相关系数	
	Rbtbs	保土服务与保水服务相关系数	
待估中介变量 M	ind	产业结构调整	
	land	土地利用因素	
自变量 X	GDP	国内生产总值	亿元
	Rev	财政收入	万元
	exp	财政支出	万元
	income	农民人均纯收入	元
	trade	社会消费品零售总额	万元
	pop	总人口	万人
	chengzhen	城镇化率	%
	jixie	农业机械总动力	kW
	paiguan	农用排灌机械	台
	yongdian	农村用电量	万 kW·h
	huafei	农用化肥施用量	t
	baomo	农用塑料薄膜使用量	t
	nongyao	农药使用量	t

根据生态系统理论建立中介效应模型如下：

$$\ln y_{i,t} = \beta_0 + \sum c_k \ln X_{i,t} + \varepsilon_{i,t}$$

$$\ln M_{i,t} = \alpha_0 + \sum a_k \ln X_{i,t} + \varepsilon'_{i,t}$$

$$\ln y_{i,t} = \beta_0 + \sum c'_k \ln X_{i,t} + \sum b_j \ln M_{i,t} + \varepsilon''_{i,t}$$

$y_{i,t}$ 取值为 $Rswgt$, $Rswbt$, $Rswbs$, $Rgtbt$, $Rgtbs$, $Rbtbs$，分别代表第 i 个地区第 t 年的生态系统服务之间的相互关系，其中 $Rswgt$ 表示食物供给服务与固碳服务之间的相关关系；$Rswbt$ 表示食物供给服务与保土服务之间的相关关系；$Rswbs$ 表示食物供给服务与保水服务之间的相关关系；$Rgtbt$ 表示固碳服务与保土服务之间的相关关系；$Rgtbs$ 表示固碳服务与保水服务之间的相关关系；$Rbtbs$ 表示保土服务与保水服务之间的相关关系。

$X_{i,t}$ 为主要被解释变量,分别以社会人文因素和农业生产方式等作为被解释变量。其中,GDP 表示国内生产总值(亿元),Rev 表示财政收入(万元),exp 表示财政支出(万元),income 表示农民人均纯收入(元),trade 表示社会消费品零售总额(万元),pop 表示总人口(万人),chengzhen 表示城镇化率(%),jixie 表示农业机械总动力(kW),paiguan 表示农用排灌机械(台),yongdian 表示农村用电量(kW·h),huafei 表示农用化肥施用量(t),baomo 表示农用塑料薄膜施用量(t),nongyao 表示农药施用量(t)。α_0 为截距项。β 为相关系数,反映了解释变量对于生态系统服务权衡/协同关系的影响。$\varepsilon_{i,t}$ 分别代表随机干扰项。

$M_{i,t}$ 为中介变量,分别表示自然地理环境变量、土地利用结构变量、农业产业结构变量。其中自然地理环境变量包括 rain(年降水量)、NDVI(归一化植被指数)、NPP(净初级生产力)、DEM(地形),土地利用结构变量包括耕地占比、林地占比、建筑用地占比等,农业产业结构变量为农业总产值占农林牧渔业比重。

进一步,对生态系统服务权衡/协同关系的作用机制进行检验,主要关注以下两个方面:一是社会人文因素是否通过调整土地利用结构或者农业产业结构影响生态系统服务权衡/协同关系;二是农业生产方式是否通过调整土地利用结构或者农业产业结构影响生态系统服务权衡/协同关系。其中土地利用结构和农业产业结构是中介变量,并不是外生随机干预变量。土地利用结构和农业产业结构是评估生态系统服务指标之一,土地利用结构和农业产业结构对于生态系统服务权衡/协同关系的影响是显而易见的,本章研究检验社会人文因素和农业生产方式对于中介变量的影响,即可验证社会人文因素和农业生产方式对于生态系统服务权衡/协同关系的作用机制。

构建模型的理论基础和逻辑关系如下(图2-3)。

根据前述生态系统服务的计算公式可知,生态系统服务不仅受降雨、植被、净初级生产、地形等因素的影响,还受到不同土地利用类型的影响。人类活动能够通过改变土地利用类型而间接影响生态系统服务,从而影响粮食供给服务、固碳服务、保土服务、保水服务之间的相关关系。因此,生态系统服务两两之间的权衡/协同关系的潜变量主要包括自然生态因素和土地利用因素。同时,土地利用类型的变化受到多方面因素的影响。设置如下潜在变量定义。

①经济因素方面。人类社会经济的发展将会显著改变土地利用方式,人们生产、消费、收入和贸易等方面,构成了经济的主要表征因子,人类的经济活动影响着生态系统服务。

②社会因素方面。人口的变动引致不同的土地利用需求,城镇化也带来土

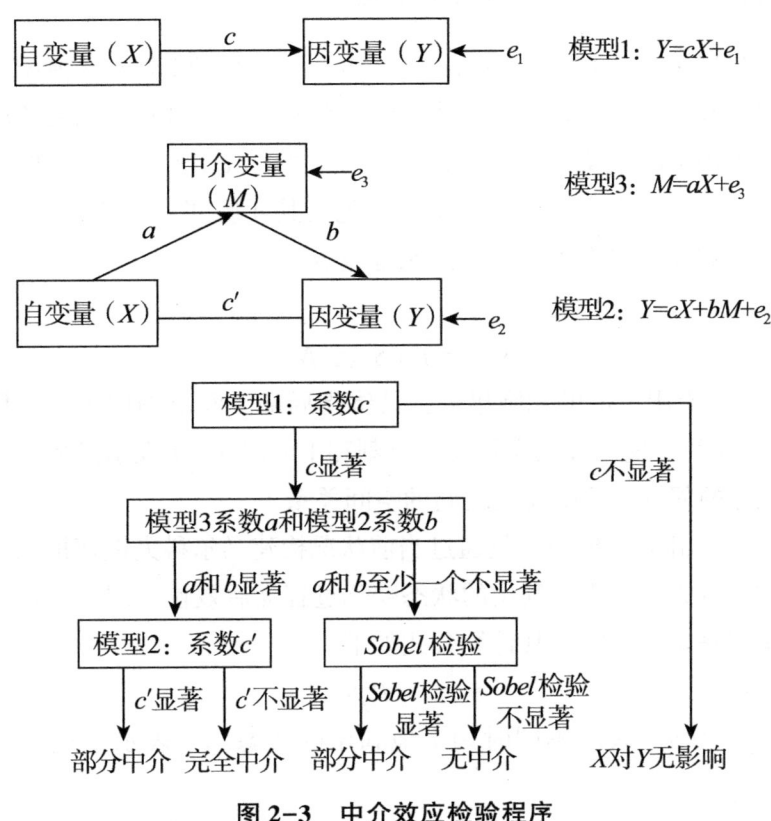

图 2-3 中介效应检验程序

利用性质的改变，因此社会因素也是构成生态系统服务权衡/协同关系的潜变量。

③农业生产资料因素方面。农业生产资料中农业机械的推广将会引起土地规模化利用，因此对土地利用类型产生影响。排灌设施的铺设将会大幅度改变土地利用的程度，从而使得某些不适宜农业耕作的土地转变成耕地等，因此也对土地利用类型产生影响。农村用电量的大小表征着农业技术水平的高低和对于农业现代化的需求，因此可能会影响耕地、建筑用地等面积的变动。化肥施用量和薄膜的使用，将会大幅提高农业生产效率，从而引起耕地的规模化经营，因此影响了土地利用类型。

④产业结构因素。农林牧渔业代表着不同产业类型，对应不同土地利用需求，因而影响了土地利用类型。综上所述，经济、社会、农业生产资料和产业结构等因素影响着土地利用类型变动。土地利用因素和自然生态因素共同影响了生态系统服务之间的权衡/协同关系。

2.4.4 生态系统服务权衡/协同模拟研究方法：CA-Markov 模型

元胞自动机模型（Cellular automata，CA）是一种网格动力学模型。在规则网格中散布着时间和空间变量处于离散状态的多个元胞，通过特定的元胞转换规则实现局部空间范围内的时空交互。具体应用时往往将 ArcGIS 中的一个栅格作为一个元胞，并将土地利用类型作为元胞状态。元胞及其元胞邻居的集合构成元胞空间。元胞自动机的空间演化取决于元胞及其元胞邻居。

计算公式为：

$$S_{(t+1)} = f[S_{(t)}, N]$$

其中，S 表示有限离散的元胞集合，具体指局部空间范围内土地利用类型的集合；t 和 $t+1$ 为时间变量，分别表示某一时刻和下一时刻；f 表示具体的元胞转换规则；N 表示元胞的邻域，反映元胞之间的空间关系。

马尔科夫（Markov）模拟法是通过当前状况构建马尔科夫链模拟未来状态变化发生的概率的一种方法。土地利用的状态变化过程无后效性，因此可以基于土地利用变化过程构建马尔科夫链。其计算公式如下：

$$S_{(t+1)} = P_{ij} S_{(t)}$$

其中，$S_{(t+1)}$ 和 $S_{(t)}$ 表示不同时刻土地利用的状态；P_{ij} 表示土地利用状态变化概率。

CA 模型衡量空间状态变量和空间相关关系，Markov 模型可以在时间上进行模拟。因此，将这两个模型结合起来，构建 CA-Markov 模型可以模拟复杂系统的时空状态演变。本书通过 IDRISI 17.0 软件的 CA 模块和 Markov 模块，进行 CA-Markov 模拟。

3 安徽省2001—2020年重要生态系统服务功能特征及其影响因素

生态系统为人类的生产和生活提供了丰富的生态产品和生态系统服务，是人类生产和生活必不可少的支持系统。生态系统服务功能是生态系统与生态过程所形成及所维持的人类赖以生存的自然环境条件与效用。基于生态系统服务功能，分析安徽省生态系统服务的演变和空间格局的变化，提炼粮食主产区的时空分异特征，寻找生态系统服务格局中萎缩和增长的中心[202]。运用 ArcGIS 10.1 软件，分析粮食供给服务与保土服务、保水服务、NPP 服务等重要生态系统服务，并进行空间制图表达。对不同生态系统服务进行空间自相关分析，探究不同生态系统服务的高值分布区和低值分布区，离散程度、峰度与偏度、判断随时间变化的趋势。从空间分布特征来看，分别呈现不同的分布格局。从时间尺度分析不同地区生态系统服务变化的情况。

在多尺度范围下，分析生态系统服务的权衡与协同关系，能够更加有助于有效地实行生态资源管理。分析不同生态系统服务之间的权衡与协同关系最主要的分析方法是 Pearson 相关分析。首先，运用 ArcGIS 10.0 中在生态系统服务栅格图中每间隔 1 km 设置一个空间采样点，将采样点数据导出。其次，运用 SPSS 22.0 软件对 4 种生态系统服务采样点的导出数据进行 Pearson 相关分析。分析生态系统服务功能之间呈现权衡或协同关系和相关性。

3.1 安徽省重要生态系统服务功能的总体特征

3.1.1 安徽省固碳服务功能特征

在计算安徽省固碳服务之前，首先要分析 NPP 服务的时空分布。其中高值区集中在合肥市中部的环巢湖流域，安庆市、铜陵市、芜湖市和马鞍山市的长江沿线，以及六安市、淮南市、蚌埠市沿淮河流域。

根据光合作用的碳素原理，可以根据 NPP 计算得到安徽省的固碳服务。安徽省固碳服务的高值区位于皖西大别山区和皖南山地丘陵区。这两个地区森林覆盖率较高，并且垂直海拔决定了垂直维度的生物多样性较高，因此具有较高的固碳价值。皖北平原区是固碳服务的低值区。从整体来看，固碳服务从安徽省南部向北部逐步递减。从时间维度来看，2000—2020 年，皖西大别山区的固碳服务增长最多，其次是皖南山地丘陵区。皖北平原区的北部也有较大程度的增长。固碳服务减少的区域主要集中在合肥都市圈、滁州、皖北平原区的阜阳和宿州。由此可见，城镇化进程的加快，建成区不断扩展，不利于固碳服务的积累。森林资源依然是固碳服务的主要驱动力，并且随着时间推移不断增长。

3.1.2 安徽省土壤保持服务功能特征

土壤保持服务的评估与地形地貌、降雨、植被覆盖、水土保持措施等关系密切，具体步骤如下。

①DEM 数据经过 ArcGIS 扩展模块水文分析工具中的填洼处理、流向分析，并进行数据修正处理。

②降雨侵蚀力因子 R 的大小取决于降雨的强度和时长。

③安徽省南部山区因海拔较高、林地植被的蒸腾作用较强，因此降雨的强度和时长相对较长，导致降雨的侵蚀力因子较大。皖北平原区地势平坦，多耕地，并且位于淮河以北，降水量明显减少，降雨的强度和时长也不及南部山区，因此皖北地区的降雨侵蚀力因子较小。从整体而言，从皖南到皖北降雨侵蚀力因子逐步降低。

④土壤可蚀因子 K 是衡量土壤颗粒对于降雨、侵蚀、搬运作用的敏感程度，取决于土壤质地情况、土壤有机碳占比、土壤渗透系数等。土壤可蚀因子 K 可以通过 OMAFRA 土壤理化性质调查表的计算。

⑤水土保持措施因子 P 表示条带种植或者梯田耕作等可以有效控制水土流失的措施，具体参数参考美国农业部 USDA 手册，取值参数如表 3-1 所示。

表 3-1 水土保持措施因子取值参数

编码	英文代码	土地类型	P 因子
1	Cropland	耕地	0.3
2	Forest	林地	1
3	Grassland	草地	0.8
4	Water	水域	0
5	Impervious	建成区	0
6	Wetland	湿地	1

（1）植被覆盖因子 C

取决种植相关作物的类型以及土地撂荒等情况，根据 NDVI 数值经过标准化得到。

（2）计算地形因子 LS

运用表面分析中的坡度分析，运用水文分析中的填洼工具进行填洼，计算流向和流量，计算 β 值和 m 值，从而计算地形因子 L 和 S。

（3）计算土壤保持量

运用 USLE 模型计算土壤侵蚀量，然后计算相应的土壤保持量。

综上，可以得到安徽省土壤保持服务的时空分布。从区域的时空分布来看，土壤保持服务的高值区集中在山地森林资源丰茂的地区，例如皖南山地丘陵区和皖西大别山区。其余的部分，包括皖北平原区、江淮丘陵区、皖江平原区等都属于土壤保持服务的低值区。值得一提的是，在黄山市区周边也出现了土壤保持的低值区，这是由于较多的人类活动和城市用地造成的土壤流失较大的情况。从时间维度来看，2000—2020 年，整个安徽省的土壤保持服务呈现降低的趋势，除了大别山脉和皖南山地等高海拔地区增长外，其余地区都出现了土壤保持服务的降低。特别说明的是，河流与湖泊等水域部分，土壤保持服务默认为零，这些地区不计算土壤保持服务量。

3.1.3 安徽省水源涵养服务功能特征

安徽省水源涵养服务在时空分布上具有显著差异。从区域分布来看，安徽省水源涵养服务高值区位于皖南山地丘陵区的黄山和九华山山脉。这两个区域因海拔高度较高，具有较强的降水量和较少的人类活动干扰，因此能够提供高水平的水源涵养服务。皖西大别山区，尤其是海拔较高的山地也具有较高的水源涵养服务水平，原因在于山地降水量的丰富，也在于森林资源的丰富，大量繁茂的森林的林冠层、枯枝落叶层和土壤根系层都发挥着重要的水源涵养作用。皖江平原区因水系丰富，具有较好的产水服务，在生产、生活和生态上都助力经济的发展。皖北平原区具有广袤的平原和耕地，因此具有较多的人类活动，耕作活动和工业用地对于植被具有较大的破坏作用，土壤的水源涵养功能被削弱，因此皖北平原区是安徽省水源涵养服务的低值区。

从时间维度来看，2020 年的水源涵养服务较 2000 年略有降低。其中，皖南山地丘陵区的高值区部分水源涵养服务有所下降，皖西大别山区略有上升，皖北平原区的西部水源涵养服务有较大幅度下降。从总体来看，2000—2020 年，安徽省水源涵养服务呈现南增北减的趋势。皖北平原区和江淮丘陵区的水源涵养服务下降，皖南山地丘陵区和皖西大别山区的水源涵养服务上升。

3.1.4 安徽省食物供给服务功能特征

食物供给服务与农林牧渔业产值密不可分。农业产值较高的地方主要集中在以阜阳、蚌埠、亳州、宿州为代表的皖北平原区，除此之外，六安市和芜湖市也是农业产值较高的地方。从整体来看，农业产值北高南低，主要集中在皖北平原地区。林业产值较高的地区主要集中在六安市、安庆市和阜阳市。林业产值西南高、东北低，尤其是大别山南麓和九华山脉周边。牧业产值西北高、东南低。牧业产值的高值区集中在皖北平原区、皖西大别山区的北部和江南丘陵区的西部。渔业产值主要集中在长江流域、淮河流域以及江淮丘陵区。

从区域分布来看，安徽省食物供给服务高值区主要集中在皖北平原区，由于皖北有大面积的耕地资源，地势平坦，雨量充沛，因此适宜粮食等作物的耕作活动，皖北平原区是安徽的"粮仓"。此外，皖江平原区处于长江流域的圩区，可以利用水域充分发展渔业产业，也能够提供较好食物供给服务。皖南山地丘陵区和皖西大别山区属于食物供给服务的低值区。

2000—2020 年，安徽省北部地区和中部地区生态系统的食物供给服务呈现上升趋势，尤其是亳州、蚌埠、阜阳等地增长最为明显。安徽省南部地区，尤其是黄山、大别山区，生态系统的食物供给服务呈现降低趋势。

3.2 安徽省重要生态系统服务权衡/协同分析：静态分析

重要生态系统服务权衡/协同分析主要在 4 个方面层次层层递进，首先是运用较为传统的 Pearson 相关分析，对重要生态系统服务进行总体上相关分析，得到两两生态系统服务之间为正相关，则为协同关系；两两生态系统服务之间为负相关，则为权衡关系。

运用 Pearson 相关分析法，判断 2001—2020 年安徽省食物供给服务、保土服务、保水服务、固碳服务之间，随着一项生态系统服务增加，另一项生态系统服务是增加还是减少。若两者同时增加或者同时减少，则为协同关系，反之则为权衡关系。

2001 年，安徽省生态系统的食物供给服务与保水服务之间呈现协同关系，皮尔逊相关系数为 0.586 5。保水服务与保土服务之间的协同关系亦较强，皮尔逊相关系数为 0.563 3。除此之外，其他生态系统服务之间呈现较弱的权衡与协同关系。固碳服务与食物供给服务、保水服务、保土服务之间呈现较弱的权衡关系（表 3-2、图 3-1）。

表 3-2 2001 年安徽省生态系统服务权衡与协同关系

项目	食物供给服务	固碳服务	保水服务	保土服务
食物供给服务	1	−0.139 3	0.586 5	0.123 6
固碳服务	−0.139 3	1	−0.194 4	−0.080 5

（续表）

项目	食物供给服务	固碳服务	保水服务	保土服务
保水服务	0.586 5	-0.194 4	1	0.563 3
保土服务	0.123 6	-0.080 5	0.563 3	1

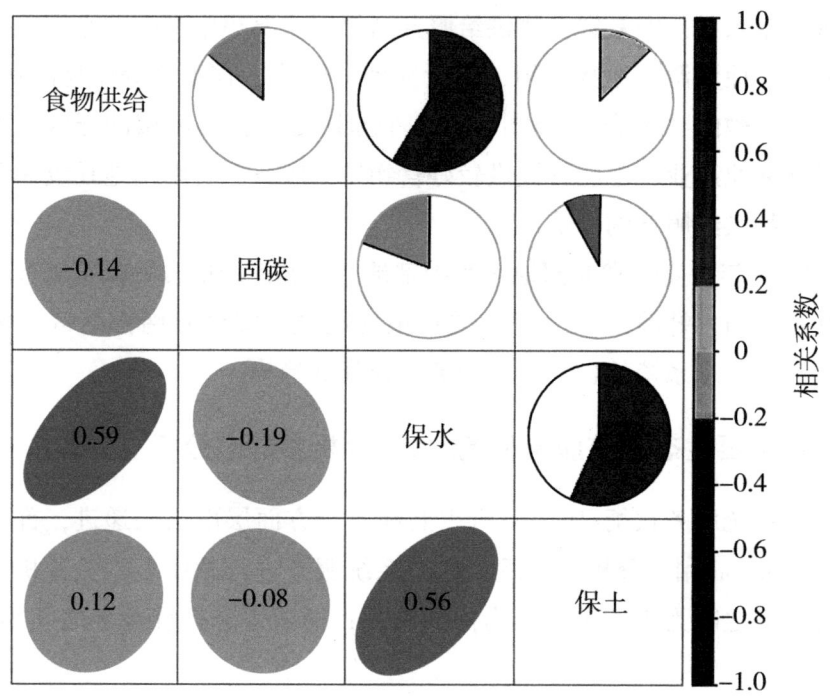

图 3-1 2001 年安徽省生态系统服务权衡与协同关系

2020 年与 2000 年相比，安徽省生态系统服务之间的关系发生了显著变化。食物供给服务和固碳服务、保土服务、保水服务之间呈现权衡关系。食物供给服务和保土服务之间的权衡关系有所加大，两者之间的关系更加紧张，为之后平衡这两者之间的作用增加了一定的难度。食物供给服务与保水服务之间亦呈现出权衡关系，皮尔逊相关系数为-0.690 2。与 2000 年有所不同的是，2020 年，固碳服务、保土服务、保水服务这三者之间呈现协同作用。保土和保水服务之间的协同关系略有加深，固碳服务与保土服务、保水服务之间由原来的权衡关系转为协同关系（表 3-3、图 3-2）。

表 3-3 2020 年安徽省生态系统服务权衡与协同关系

2020 年	食物供给服务	固碳服务	保水服务	保土服务
食物供给服务	1	-0.180 9	-0.690 2	-0.849 9

(续表)

2020年	食物供给服务	固碳服务	保水服务	保土服务
固碳服务	−0.180 9	1	0.237 3	0.183 6
保水服务	−0.690 2	0.237 3	1	0.692 7
保土服务	−0.849 9	0.183 6	0.692 7	1

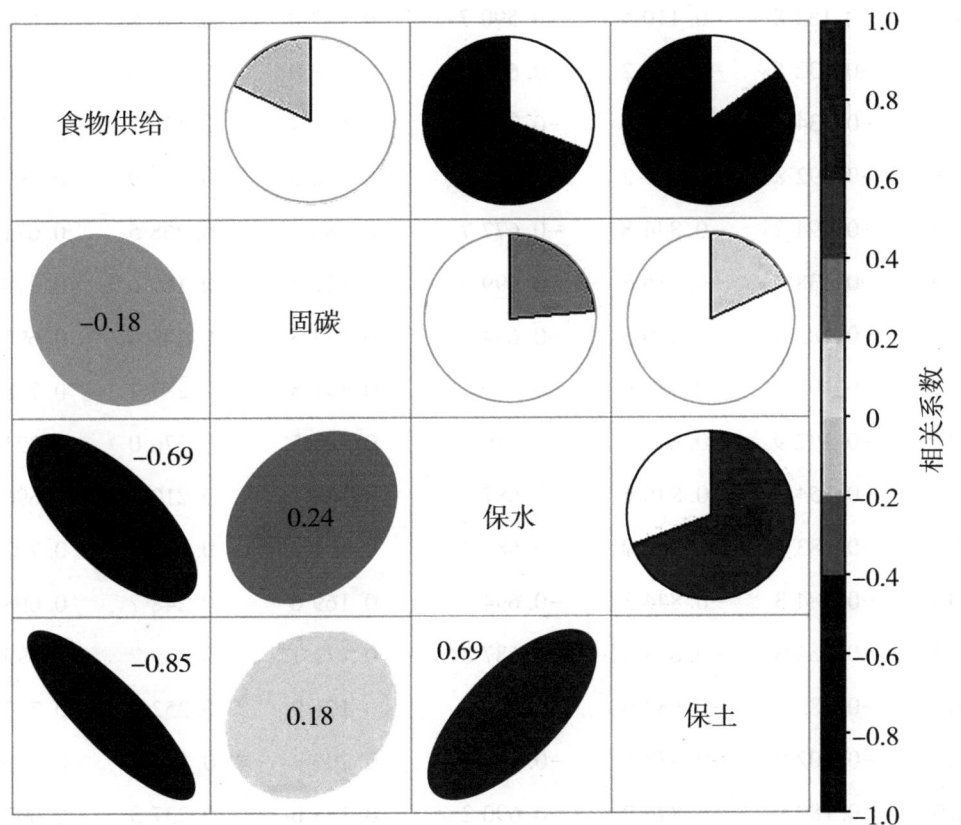

图 3-2　2020 年安徽省生态系统服务权衡与协同关系

2001—2020 年，安徽省生态系统服务总体的权衡与协同关系见表 3-4、图 3-3。

表 3-4　2001—2020 年安徽省生态系统服务权衡与协同关系

年份	食物供给服务—固碳服务	食物供给服务—保土服务	食物供给服务—保水服务	固碳服务—保土服务	固碳服务—保水服务	保水服务—保土服务
2001	−0.139 3	0.123 6	0.586 5	−0.080 5	−0.194 4	0.563 3

（续表）

年份	食物供给服务—固碳服务	食物供给服务—保土服务	食物供给服务—保水服务	固碳服务—保土服务	固碳服务—保水服务	保水服务—保土服务
2002	−0.141 9	0.089 9	0.558 7	−0.070 9	−0.189 8	0.563 4
2003	−0.190 1	0.116 4	0.590 0	−0.151 3	−0.307 6	0.555 4
2004	−0.193 7	0.107 7	0.587 2	−0.147 2	−0.307 7	0.557 7
2005	−0.184 8	0.110 5	0.590 7	−0.117 0	−0.276 9	0.555 8
2006	−0.132 6	−0.843 2	−0.684 5	0.118 0	0.152 6	0.690 5
2007	−0.134 6	−0.848 6	−0.724 8	0.118 4	0.133 0	0.713 6
2008	−0.192 8	−0.847 2	−0.706 2	0.176 3	0.239 9	0.707 4
2009	−0.194 2	−0.844 8	−0.677 7	0.183 2	0.268 5	0.671 3
2010	−0.138 7	−0.836 7	−0.699 0	0.127 7	0.169 6	0.718 3
2011	−0.183 3	−0.840 5	−0.684 1	0.173 3	0.249 4	0.691 0
2012	−0.193 2	−0.829 6	−0.700 7	0.191 8	0.287 4	0.738 7
2013	−0.192 9	−0.847 3	−0.719 4	0.186 5	0.276 0	0.721 1
2014	−0.154 1	−0.846 6	−0.687 7	0.143 7	0.210 1	0.690 9
2015	−0.183 8	−0.842 0	−0.687 4	0.171 3	0.249 0	0.703 0
2016	−0.184 3	−0.844 3	−0.694 1	0.169 6	0.248 7	0.698 5
2017	−0.184 3	−0.843 2	−0.687 8	0.171 1	0.249 7	0.695 8
2018	−0.183 4	−0.832 0	−0.683 3	0.171 9	0.252 2	0.723 0
2019	−0.202 9	−0.839 5	−0.698 7	0.209 4	0.321 4	0.719 6
2020	−0.180 9	−0.849 9	−0.690 2	0.183 6	0.237 3	0.692 7

近 20 年来，安徽省生态系统服务之间的权衡/协同关系发生剧烈变化的时间节点是 2005 年。食物供给服务与保水服务、食物供给服务与保土服务由原来的协同关系转为权衡关系，固碳服务与保水服务、固碳服务与保土服务之间由原来的权衡关系转变为协同关系。产生这种变化的原因主要在于 2005 安徽省降水量的突变，具体将会在后续章节进行详细说明。

总体而言，近 20 年来，安徽省生态系统的食物供给服务与固碳服务、保水服务、保土服务呈现权衡关系，其中与保土服务的权衡关系最强，其次是与固碳服务

3 安徽省 2001—2020 年重要生态系统服务功能特征及其影响因素

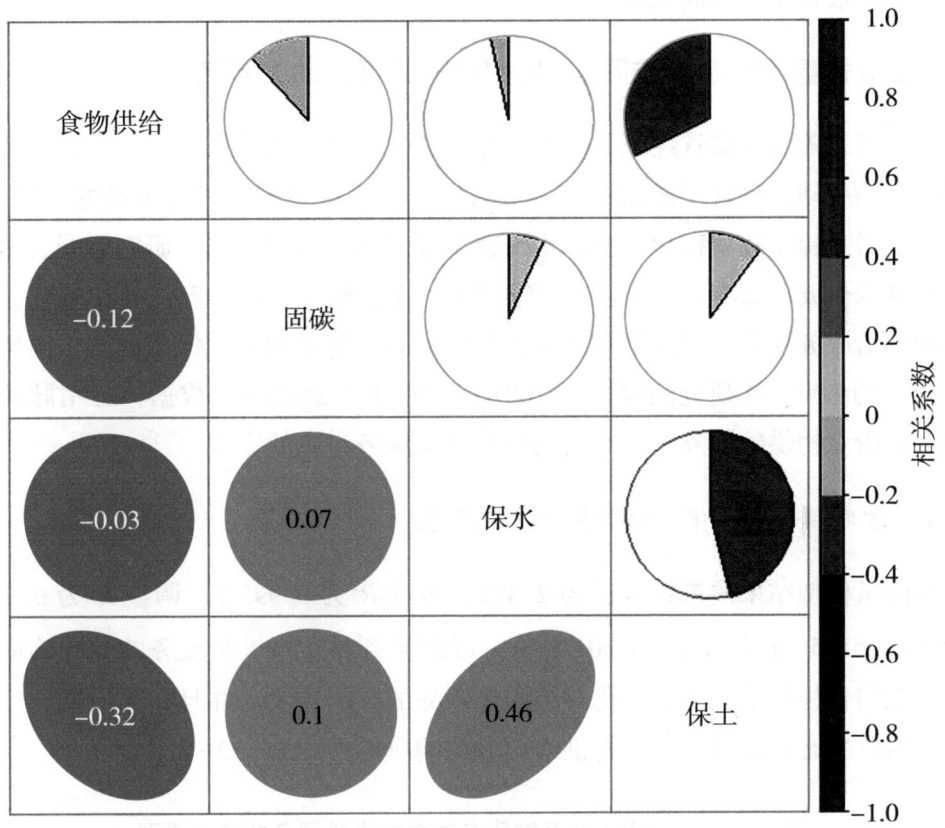

图 3-3 2001—2020 年安徽省生态系统服务权衡与协同关系

的权衡关系，权衡关系最弱的是食物供给服务与保水服务的关系。固碳服务、保水服务、保土服务之间呈现协同关系，其中保水服务和保土服务之间的协同关系最为密切（表 3-5）。

表 3-5 2001—2020 年安徽省生态系统服务权衡与协同关系

项目	食物供给服务	固碳服务	保水服务	保土服务
食物供给服务	1	−0.116 6	−0.034 0	−0.324 2
固碳服务	−0.116 6	1	0.066 8	0.103 6
保水服务	−0.034 0	0.066 8	1	0.460 2
保土服务	−0.324 2	0.103 6	0.460 2	1

由此可见，生态系统服务权衡关系中，最需要关注的是食物供给服务和保水服务之间的权衡关系。固碳服务、保土服务、保水服务三者处于相互支持、相互促

进、相互积极作用的协同关系。

3.3 安徽省重点生态系统服务权衡/协同关系：动态互馈

近年来，随着安徽省经济发展水平保持着较为快速的增长趋势，粮食等价格也出现一定的变动，呈现了波动特征。从数据来看，粮食安全成为国家的重要战略，粮食产量增长幅度逐年提高。物价水平也出现了不同程度上涨。研究表明，对于农产品价格水平波动影响的研究以经济学领域为主，较少考虑农产品价格变动，产生的食物供给服务变动，以及给其他生态系统服务（保水服务、保土服务、固碳服务等）带来的影响。本研究阐释采用2001—2020年安徽省面板数据，运用脉冲响应模型来分析食物供给服务变动对其他生态系统服务带来的影响。

3.3.1 食物供给服务变动的脉冲响应模型

自向量模型结果残差标准误为2.372，多重R^2为0.995 7，调整R^2为0.991 8，F统计值258.5，P值在0～0.001显著。固碳服务对食物供给服务的脉冲响应是显著的，说明食物供给服务的变化对于固碳服务的影响较大，并且在第一期即产生影响。安徽省生态系统服务对食物供给服务的响应模型详见表3-6。

表3-6 安徽省生态系统服务对食物供给服务的响应模型

变量	估计值	标准误	T值	P值	显著性
shiwu.l1	-0.244 7	0.296 4	-0.826 0	0.430 3	
gutan.l1	-0.023 63	0.004 8	-4.964 0	0.000 8	***
baoshui.l1	-0.000 4	0.000 3	-0.838 0	0.423 7	
baotu.l1	0.218 8	0.139 3	1.571 0	0.150 6	
shiwu.l2	1.207 0	0.295 4	4.087 0	0.002 7	**
gutan.l2	-0.001 6	0.004 2	-0.378 0	0.714 5	
baoshui.l2	0.000 6	0.000 3	1.742 0	0.115 5	
baotu.l2	-0.138 7	0.122 0	-1.137 0	0.285 0	
const	158.9	38.14	4.165 0	0.002 4	**

注：P值在0～0.001水平显著，用"***"表示；在0.001～0.01水平显著，用"**"表示；在0.01～0.05水平显著，用"*"表示；在0.05～0.1水平显著，用"."号表示；在0.1～1水平不显著，下同。

3.3.2 固碳服务变动的脉冲响应模型

自向量模型结果残差标准误为130.1,多重R^2为0.861 3,调整R^2为0.738,F统计值6.987,P值0.004 296在0.001~0.01显著。固碳服务的变化,对于食物供给服务、保水服务和保土服务的一期响应均显著,说明固碳服务对于生态系统的影响是较大的。安徽省生态系统服务对固碳服务变化的响应模型详见表3-7。

表3-7 安徽省生态系统服务对固碳服务变化的响应模型

变量	估计值	标准误	T值	P值	显著性
shiwu.l1	53.590 8	16.260 6	3.296 0	0.009 3	**
gutan.l1	0.109 3	0.261 2	0.419 0	0.685 3	
baoshui.l1	0.076 8	0.018 6	4.139 0	0.002 5	**
baotu.l1	−28.612 6	7.641 5	−3.744 0	0.004 6	**
shiwu.l2	−38.065 3	16.209 3	−2.348 0	0.043 4	*
gutan.l2	0.189 8	0.232 3	0.817 0	0.435 0	
baoshui.l2	0.001 4	0.017 8	0.076 0	0.940 8	
baotu.l2	−4.919 5	6.695 7	−0.735 0	0.481 2	
const	1 972.019 5	2 092.865 4	0.942 0	0.370 6	

3.3.3 保水服务变动的脉冲响应模型

自向量模型结果残差标准误为8 596,多重R^2为0.677 7,调整R^2为0.391 3,F统计值2.366,P值0.110 7不显著。模型结果表明,保水服务的变化对于其他生态系统服务的影响较弱且不显著。安徽省生态系统服务对保水服务的响应模型见表3-8。

表3-8 安徽省生态系统服务对保水服务的响应模型

变量	估计值	标准误	T值	P值	显著性
shiwu.l1	−482.7	1 074	−0.449 0	0.664 0	

(续表)

变量	估计值	标准误	T 值	P 值	显著性
gutan.l1	-6.178	17.25	-0.358 0	0.729 0	
baoshui.l1	-0.469	1.225	-0.383 0	0.711 0	
baotu.l1	431.6	504.7	0.855 0	0.415 0	
shiwu.l2	620.4	1 071	0.580 0	0.576 0	
gutan.l2	-16.5	15.34	-1.075 0	0.310 0	
baoshui.l2	-0.815 4	1.177	-0.693 0	0.506 0	
baotu.l2	240.3	442.2	0.543 0	0.600 0	
const	211 300	138 200	1.528 0	0.161 0	

3.3.4 保土服务变动的脉冲响应模型

自向量模型结果残差标准误为81.39，多重 R^2 为0.751 1，调整 R^2 为0.529 8，F 统计值3.394，P 值0.043 53在0.01～0.05比较显著。模型结果表明，仅有固碳服务对保土服务的脉冲响应是比较显著的，并且该响应具有长期性。

由于VAR模型中食物供给服务、固碳服务、保水服务和保土服务之间存在相互依赖的特征，为了更好地了解不同生态系统服务的动态响应情况，运用脉冲响应模型，绘制响应变量的各期冲击情况以及总体长期影响情况。安徽省生态系统服务对保土服务的响应模型见表3-9。

表3-9 安徽省生态系统服务对保土服务的响应模型

变量	估计值	标准误	T 值	P 值	显著性
shiwu.l1	5.28	10.17	0.519 0	0.616 1	
gutan.l1	-0.383 3	0.163 3	-2.347 0	0.043 5	*
baoshui.l1	0.002 4	0.011 6	0.209 0	0.839 1	
baotu.l1	0.141	4.779	0.030 0	0.977 1	
shiwu.l2	-2.583	10.14	-0.255 0	0.804 6	

(续表)

变量	估计值	标准误	T值	P值	显著性
gutan.l2	0.337 7	0.145 2	2.325 0	0.045 1	*
baoshui.l2	−0.008 0	0.011 2	−0.718 0	0.491	
baotu.l2	1.462	4.187	0.349 0	0.735 1	
const	368.1	1 309	0.281 0	0.784 9	

脉冲效应模型表明（图3-4），保水服务对于食物供给服务的脉冲响应在18期以后产生较大波动，先负向后转为正向，固碳服务对于食物供给服务的脉冲响应为负。保土服务对食物供给服务的脉冲响应不明显。

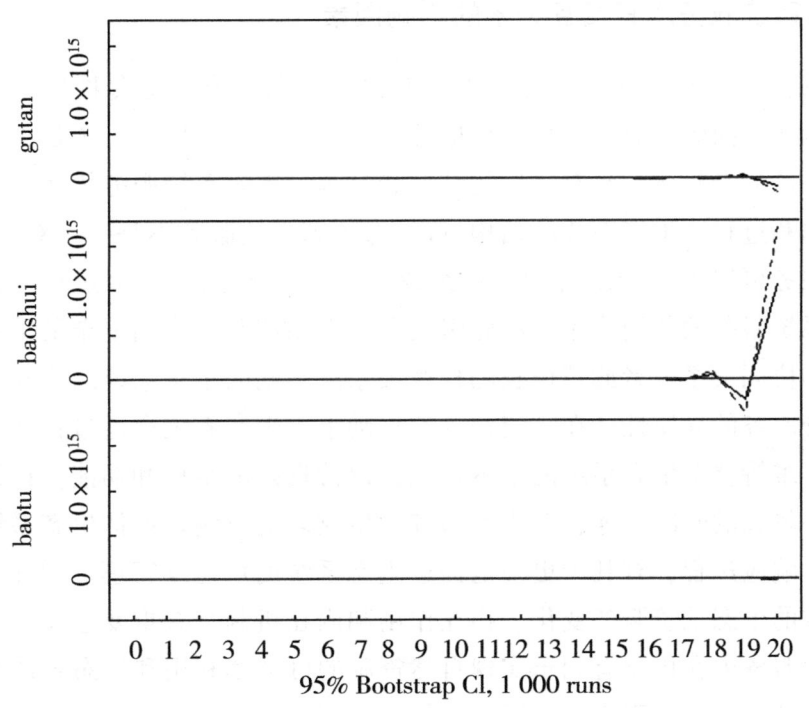

图3-4 生态系统服务VAR模型脉冲响应

研究结论如下。

①生态系统是一个复杂系统，不同生态系统服务作为生态系统的组分经过了一个状态变化，相互关联其他生态系统服务。持续增大的环境压力在较长的时间后才会对生态系统产生显著的影响。在一定程度的扰动下，生态系统会通过自我修复能力进行调节，维持整个生态系统的基本稳定，保持良好的结构和功能。

②不同生态系统服务所能承受的干扰水平不同。固碳和保土服务的抗干扰能力和恢复力较强，但是保水服务对于食物供给服务的敏感性较强。

③生态系统功能对环境变化的响应速率不同，并体现出一定程度的滞后效应。随着扰动强度的增加和时间的累积，保水服务功能随时间缓慢变化，在后期呈现较大波动。保土服务对于外界扰动表现出较好的抵抗力，基本上不随着干扰强度的变化而变化。固碳服务功能对于环境变化有轻微响应，生态系统功能仍然能够保持正常水平，维持在较小范围内波动。

由此可见，生态系统服务功能之间相互关联，某一种生态系统服务的改变会导致其他生态系统服务的改变。因此在制定可持续生态管理政策时，应当充分考虑生态系统服务之间的相互影响，让政策制定更具有全局观和整全观，避免陷入局部限制性思维。

3.4 生态系统服务及其相互关系的影响因素

生态系统是人类赖以生存的基础，人类从生态系统获得食物供给、土壤保持、水源涵养、固碳释氧、生物栖息地等多方面的利益。生态系统是由生物和环境共同组成的复杂整体，具有一定的结构和过程。生态系统服务依赖于生态系统内部的结构和过程。生态系统的结构/过程与生态系统服务不是一一对应的关系。生态系统服务可以由若干结构和过程组成，某个生态系统结构/过程，也可能是多个生态系统服务的共同作用，由此引发了生态系统服务之间复杂的关系，出现互相促进的协同关系或者此消彼长的权衡关系。不同的生态系统结构和功能导致了生态系统服务的异质性。在一定程度的扰动下，生态系统会通过自我修复能力进行调节，维持整个生态系统的基本稳定，保持良好的结构和功能。持续增大的环境压力在较长的时间后才会对生态系统产生显著的影响。评估生态系统对于自然气候变化响应过程，有利于更好地促进生态系统的可持续管理。因此，研究和分析安徽省的生态系统服务变化、相互作用和内在机制具有重要意义。科学地阐述生态系统服务内在机制有利于实现自然资源的可持续利用和生态系统功能的不断优化。本章从生态过程出发，探索自然环境因素如何影响生态过程，从而影响生态系统结构，结构的调整进一步引起生态系统功能的变化，揭示生态系统服务的影响因素（图3-5）。

3.4.1 食物供给服务的影响因素分析

从回归结果可以看出，安徽省生态系统的食物供给服务与耕地正相关，并且在0~0.001水平显著。耕地增加1个单位，食物供给服务增加109.79个单位。同时，

3 安徽省2001—2020年重要生态系统服务功能特征及其影响因素

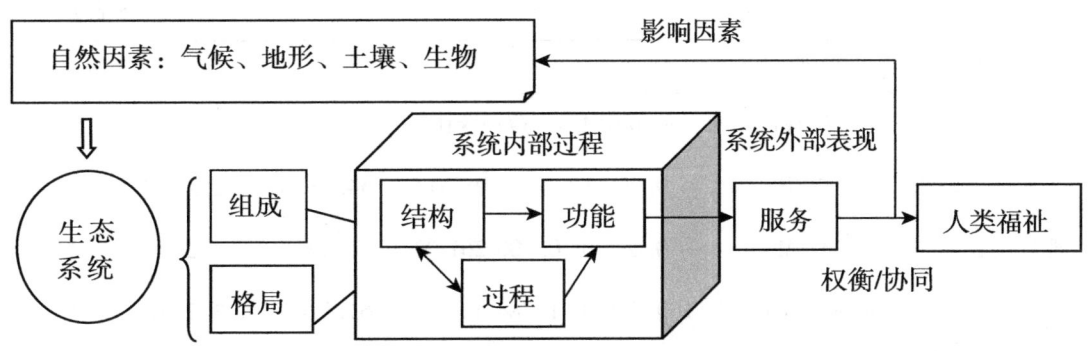

图3-5 基于结构/过程的生态系统服务影响因素

食物供给服务与建成区呈负相关，建成区面积增加1个单位，食物供给服务减少6.622 3个单位。由此可见，耕地面积的增加、城市等建成区的减少，有利于提高食物供给服务。

安徽省生态系统的食物供给服务受到净初级生产力的直接影响，当净初级生产力增加，食物供给服务随着增加，并且在0～0.001水平显著。这是因为，净初级生产力代表着土地的生产力水平，与食物供给服务息息相关。

食物供给服务与地形呈现正相关。一方面，由于安徽省处于南北交界区，安徽省北部是粮食生产的主要地区，食物供给服务较大。另一方面，地形较高的地区主要集中在安徽省西南部，此地的林业产值较高。总体而言，地形越高的地方食物供给服务越大。

除此之外，降水量水平与食物供给服务呈现负相关。从理论来说，降水量水平可能与食物供给服务呈现正相关，也可能呈现负相关。这是由于植物的生长依赖于降水，缺水将导致大量的植物无法正常生长，粮食产量急剧下降。但是，另一方面，过多的降水量将导致水灾严重，从而使得粮食减产。从回归结果来看，近20年来，食物供给服务与降水量呈现相关，过多的降水量不利于食物供给服务的增加。

食物供给服务与植被覆盖度呈现负相关，并且在0～0.001水平显著。这是由于植被覆盖度较高的地区主要是山区，大部分划为自然保护区和生态保护区，能够进行的粮食生产活动较少。山区的耕地较少，因此食物供给服务也相应较少。

食物供给服务的影响因素分析见表3-10。

表3-10 食物供给服务的影响因素分析

变量名	变量英文名	估计值	标准误	T 值	P 值	显著性
降水量	rain	−0.002 2	$3.542\ 3\times10^{-6}$	−628.358 6	$<2.2\times10^{-16}$	***

（续表）

变量名	变量英文名	估计值	标准误	T 值	P 值	显著性
植被覆盖程度	NDVI	−0.001 4	$9.597\,9\times10^{-6}$	−140.719 7	$<2.2\times10^{-16}$	***
净初级生产力	NPP	0.000 1	$2.573\,2\times10^{-6}$	54.283 6	$<2.2\times10^{-16}$	***
地理高程	DEM	0.017 0	0.000 261 92	65.044 2	$<2.2\times10^{-16}$	***
耕地	factor（clcd）1	109.790 0	1.784 4	61.524 7	$<2.2\times10^{-16}$	***
林地	factor（clcd）2	−0.091 9	1.785 0	−0.051 5	0.958 9	
草地	factor（clcd）3	1.783 7	1.846 3	0.966 1	0.334 0	
水域	factor（clcd）4	−1.783 3	1.785 8	−0.998 6	0.318 0	
建成区	factor（clcd）5	−6.622 3	1.784 9	−3.710 1	0.000 2	***

总平方和：9.86×10^{9}
残差平方和：1 250 300 000
R^2：0.873 19
调整 R^2：0.873 19
F 统计量：1 755 930，自由度（11，2 804 989），P 值：$<2.22\times10^{-16}$

3.4.2 固碳服务的影响因素分析

模型结果显示：固碳服务主要驱动因素为净初级生产力。固碳服务与净初级生产力呈现显著正相关，当净初级生产力增加 1 个单位，固碳服务则增加 0.968 22 个单位，并且在 0~0.001 水平显著。这是由于固碳服务与土地的生产密不可分，净初级生产力较大时，意味着植被能够进行的光合作用强烈，因此固碳功能越强，固碳服务水平越高。

除此之外，固碳服务受到地形因素的显著影响。地形的变化对于固碳服务的影响较大，这是因为不同的地形表征不同的地貌形态，固碳功能亦不相同。地形越高越复杂，固碳服务水平越低。

固碳服务受到土地利用类型的影响。其中，水域的固碳能力较强。安徽省拥有长江和淮河两条重要河流，水域面积较大。水域是世界上重要的碳汇基地。地球每年的二氧化碳约 1/3 被水域吸收，高于陆地植被吸收量的 13%。因此，增加水域可以增强固碳服务。

植被覆盖程度是影响固碳服务的另一大因素，主要原因是植被覆盖程度越强，说明植被的生长越繁茂，能够进行的光合作用越强，因此固碳功能亦越强，固碳服务水平越高。

另外，建成区面积对于固碳服务呈现负向驱动效应。建成区面积越大，固碳服务越低，在0.05～0.1水平显著。这是由于城市地区有较强的温室效应及城市热岛效应，固碳能力不及森林等山区。因此降低城市建成区面积，能够在一定程度上提高固碳服务水平。

固碳服务的影响因素分析见表3-11。

表3-11 固碳服务的影响因素分析

变量名	变量英文名	估计值	标准误	T值	P值	显著性
降水量	rain	$-1.8246×10^{-10}$	$1.4223×10^{-10}$	-1.2828	0.1995	
植被覆盖程度	NDVI	$1.0409×10^{-9}$	$3.8538×10^{-10}$	2.7009	0.0069	**
净初级生产力	NPP	0.9682	$1.0332×10^{-10}$	9371100000	$<2.2×10^{-16}$	***
地形	DEM	$-1.6526×10^{-7}$	$1.0517×10^{-8}$	-15.7140	$<2.2×10^{-16}$	***
耕地	factor（clcd）1	0.00001573	0.000071649	0.2195	0.8262	
林地	factor（clcd）2	0.000034145	0.000071672	0.4764	0.6338	
草地	factor（clcd）3	0.000046233	0.000074135	0.6236	0.5329	
水域	factor（clcd）4	0.0011598	0.000071702	16.1750	$<2.2×10^{-16}$	***
建成区	factor（clcd）5	-0.00016549	0.00007167	-2.3090	0.0209	*

总平方和：$9.8857×10^{13}$
残差平方和：2.0158
R^2：1
调整R^2：1
F统计量：$1.25055×10^{19}$，自由度（11, 2804989），P值：$<2.22×10^{-16}$

3.4.3 保土服务的影响因素分析

从回归结果可知，保土服务的主要驱动因素包括降水量、植被覆盖程度、净初级生产力、地形和林地这一土地利用类型。

保土服务对于降水量的响应是正向的，并且在0.001水平显著。在理论上，降水量对于保土服务的影响具有正效应（根系固土效应）和负效应（水土流失效应）两个方面，一方面是降水量过大会引起水土流失，导致保土服务的损失；另一方面，适当的降水量能够促进植物根系的生长，从而增强保土服务。实证结果显示，根系固土效应大于水土流失效应，因此降水量较大总体呈现出对保土服务的正向驱动效应。保土服务对于降水量的响应总体为正。

保土服务对于植被覆盖程度是正响应，并且在0.001水平显著。这是因为植被覆盖程度越高，植被的根系对于土壤的固定作用越强，能够更好地控制水土流失水平，因此植被覆盖程度对于保土服务有正向驱动作用。

同理，净初级生产力对于保土服务是正向驱动效应。净初级生产力越强，代表植物的生长越旺盛，植被在地下的根系越发达，能够更好地保护土壤不被大雨侵蚀，因此保土功能越强，保土服务水平越高。

在土地利用类型中，只有林地对于保土服务呈现正向效应。林地面积越大，森林生长越旺盛，森林是土壤保持服务的主体。每增加1个单位的林地面积，则可以增加137.96个单位的土壤保持服务。因此，增加林地面积是增强土壤保持服务的主要手段。保土服务的影响因素分析见表3-12。

表3-12 保土服务的影响因素分析

变量名	变量英文名	估计值	标准误	T值	P值	显著性
降水量	rain	0.014 5	0.000 029 826	485.46	$< 2.2\times10^{-16}$	***
植被覆盖程度	NDVI	0.032 7	0.000 149 53	218.765	$< 2.2\times10^{-16}$	***
净初级生产力	NPP	-0.001 3	0.000 032 263	-40.477	$< 2.2\times10^{-16}$	***
地形	DEM	0.245 8	0.002 260 7	108.715	$< 2.2\times10^{-16}$	***
林地	factor（clcd）2	137.96	0.472 48	291.993	$< 2.2\times10^{-16}$	***

总平方和：$6.709\ 3\times10^{10}$
残差平方和：$4.195\ 8\times10^{10}$
R^2：0.374 63
调整 R^2：0.374 62
F统计量：228 154，自由度（5，1 904 272），P值：$< 2.22\times10^{-16}$

3.4.4 保水服务的影响因素分析

保水服务对于降水量、植被覆盖程度、净初级生产力、地理高程和草地、水域

3 安徽省2001—2020年重要生态系统服务功能特征及其影响因素

的土地利用类型的响应较为明显。

首先，保水服务对于降水量的响应最为显著，当降水量增加1个单位，保水服务则增加约4个单位，并且在0~0.001水平显著。这是因为降雨是产水量的主要来源，对于保水服务起着主导作用，直接决定着保水服务水平的高低。

其次，保水服务对于净初级生产力的响应为负，这是由于净初级生产力较大的地区主要用于生产等活动，人类活动的扰动效应较为明显，因此保水服务对于净初级生产力的响应呈现负效应。

保水服务对于植被覆盖度的响应为负。这是由于植被覆盖度较高的地区，植物的蒸腾作用十分强烈，造成了水分的蒸散效应强烈，因此保水服务较低。

保水服务对于地形因素的响应是负向的，说明地形越高的地方，保水服务越低。保水服务较大的主要是河流等地形较低的地区，因此地形因素对于保水服务的驱动效应为负效应。

最后，从土地利用类型来看，草地、水域的保水服务较强。这是由于草地、水域等土地利用类型的水量丰富，但是蒸散量较低，因此总体来看保水服务较强。

保水服务的影响因素分析见表3-13。

表3-13 保水服务的影响因素分析

变量名	变量英文名	估计值	标准误	T值	P值	显著性
降水量	rain	4.000 5	0.000 157 4	25 415.901 3	$< 2.2\times10^{-16}$	***
植被覆盖程度	NDVI	-0.001 8	0.000 426 48	-4.143	0.000 034 27	***
净初级生产力	NPP	-0.056 9	0.000 114 34	-497.523	$< 2.2\times10^{-16}$	***
地形	DEM	-0.417 3	0.011 639	-35.854 3	$< 2.2\times10^{-16}$	***
耕地	factor（clcd）1	-31.237	79.291	-0.394	0.693 6	
林地	factor（clcd）2	-37.63	79.316	-0.474 4	0.635 2	
草地	factor（clcd）3	-471.96	82.042	-5.752 7	8.783×10^{-9}	***
水域	factor（clcd）4	-1 452.8	79.35	-18.308 2	$< 2.2\times10^{-16}$	***
建成区	factor（clcd）5	43.59	79.314	0.549 6	0.582 599	

R^2：0.995 97
调整R^2：0.995 97
F统计量：62 957 700，自由度（11，2 804 989）
P值：$< 2.22\times10^{-16}$

3.5 不同区域生态系统服务异质性及影响因素分析

皖北生态系统的食物供给服务明显高于皖中和皖南地区，皖南生态系统的食物供给服务最低。这是因为皖北地区有大量的平原，适宜种植农作物。皖南以山地地形为主，耕地面积小，因此食物供给服务较低。

从固碳服务来看，皖南地区的固碳服务显著高于皖北和皖中地区。皖南地区的森林资源丰富，林木蓄积量大，林木和根系固碳能力较强，展现出较好的土壤固碳能力，因此其固碳服务显著高于皖北和皖中地区。

从保土服务来看，皖北、皖中和皖南的保土服务相差无几，保土服务基本均衡，在安徽省大部分地区异质性较低。保土服务和土壤性质相关较大，当生态系统全域范围土壤性质相差无几时，保土服务差异较小。

从保水服务来看，皖南地区的保水服务高于皖中地区，显著高于皖北地区。这是由于皖南地区森林资源的根系保水能力较强，土壤层蓄水能力、林木冠层截留能力较强，同时，皖南地区的降水量显著高于皖北和皖中地区，因此皖南地区的保水服务特别突出。

运用对应分析模型，用以具体分析安徽省不同地貌区和4种生态系统服务之间的关系（表3-14）。以地貌区为行，以生态系统服务为例，计算得到对应表。

表3-14 2020年安徽省不同地貌区生态系统服务特征

区域	食物供给服务（万元/hm^2）	固碳服务（g/hm^2）	保土服务（t/hm^2）	保水服务（t/hm^2）
皖南山地丘陵区	44.931 3	7 450.895 1	366.829 1	81 049.903 1
皖江平原区	143.861 6	9 602.501 9	84.312 0	74 278.171 6
皖西大别山区	78.550 5	6 681.049 4	224.366 9	76 190.953 4
江淮丘陵区	159.174 2	7 206.932 7	50.216 6	62 169.577 5
皖北平原区	264.005 1	5 603.679 1	20.306 1	49 369.580 0

在对应分析中，某个维度的惯量可以用来表示两个变量之间的联系紧密程度，相当于因子分析中的特征根。所有维度的惯量之和等于携带原始信息的总信息量大小。惯量比例即方差解释比例，代表这个维度携带信息量的占比。如表3-15所示，维度1的惯量比例为79.52%，维度2的惯量比例为19.33%，这两个维度的惯量比例即可解释98.85%的信息量（表3-15）。

3 安徽省 2001—2020 年重要生态系统服务功能特征及其影响因素

表 3-15 对应分析主成分特征值

项目	维度 1	维度 2	维度 3
惯量	0.003 678	0.000 894	0.000 053
惯量比例（方差解释比例）	79.52%	19.33%	1.15%

如表 3-16、表 3-17 所示，以生态系统服务为行变量，进行因子载荷分解。在距离测度上运用卡方测度法，在归一化处理上选择卡方距离，同时对行变量和列变量进行中心化处理。边际概率指各行和或各列和在总体中的占比情况。从边际概率可以看出，保水服务的边际概率远大于其他 3 种生态系统服务，惯量较小，因子载荷量较少，说明对于变量的解释度不高。地貌区的边际概率相对而言较为平均，因子载荷也相对平均。

表 3-16 对应分析行变量参数

参数	食物供给服务	固碳服务	保土服务	保水服务
边际概率	0.002 1	0.099 2	0.001 5	0.897 3
卡方检验	0.758 4	0.152 3	0.763 1	0.016 7
惯量	0.001 2	0.002 3	0.000 9	0.000 3
因子载荷 1	9.227 1	2.356 4	−11.830 1	−0.262 2
因子载荷 2	16.941 2	−1.752 7	−6.857 0	0.165 6

表 3-17 对应分析列变量参数

参数	皖南山地区	皖江平原区	皖西大别山区	江淮丘陵区	皖北平原区
边际概率	0.271 8	0.127 5	0.176 0	0.214 0	0.210 7
卡方检验	0.068 8	0.098 7	0.064 5	0.041 1	0.068 9
惯量	0.001 3	0.001 2	0.000 7	0.000 4	0.001 0
因子载荷 1	−1.112 8	1.371 1	−1.044 9	0.650 8	0.817 7
因子载荷 2	−0.393 4	−1.772 3	0.273 8	−0.234 7	1.589 8

根据以上对应分析的结果,按照两个因子对于行变量和列变量的因子载荷情况,画出相应的对应分析图,用来展示4种生态系统服务和5个地貌区之间的关系。由图3-6可知,生态系统的食物供给服务与皖北平原区的距离最接近,说明皖北平原区所在的生态系统提供的食物供给服务较为丰富。保土服务距离皖南山地丘陵区和皖西大别山区较近,说明山区生态系统能够提供较高的保土服务,尤其是皖南丘陵山地。固碳服务距离江南丘陵区较近,说明江南丘陵区生态系统比较有利于提供固碳服务。保水服务距离原点较近,说明各个地貌区的保水服务相对均衡。皖江平原区距离食物供给服务、保土服务、保水服务和固碳服务都非常远,说明皖江平原区在生态系统服务供给方面没有较大优势。

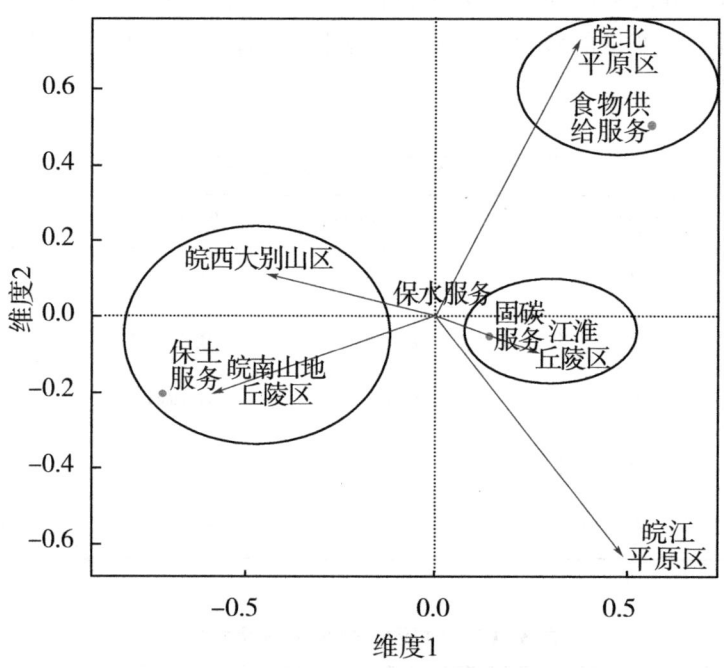

图3-6 安徽省不同地貌区生态系统服务对应分析

从回归模型来看,不同区域生态系统服务的影响因素具有显著差异。对于皖北而言,地形因素是显著影响因素,地理高程越高,生态系统服务越大。对于皖中和皖南地区,降雨和NDVI的增加会降低生态系统服务的供给,这是因为降水量越大的地区和NDVI越大的区域,用于生产粮食和经济作物的面积较小,因此生态系统服务较低。不同土壤利用类型显著影响着生态系统服务的供给。皖北地区农田、草地起正向作用,林地、水域、城市用地起负向作用。这是因为食物供给服务主要依赖于农田的粮食生产和经济作物的收获,草地生态系统提供草资源能够供应牧业的发展,因此农田和草地的增加可以显著增加食物供给服务。林地资源较多的生态林难以有较高的经济产出,城市用地更是无法产生食物供给服务,因此这两项土地利用类型的增加会减少食物供给服务。然而,皖中和皖南地区不同,除了农田以外,草地和水体也是重要支持食物供给服务的系统,因为皖中和皖南地区牧业和渔业的发展水平较高。同时,皖中和皖南地区城市居民用地的增加也在一定程度上提高了食物供给服务,这是因为城市化居民需求增加,间接带动了食物供给服务的增加。

从农业生产资料来看,农业机械化是促进生态系统服务的重要影响因素,皖北、皖中和皖南地区都在1%以上水平显著。排灌和用电水平的提高,对于皖北地区生态系统服务的提升不显著,但是对于皖中和皖南地区生态系统服务有显著促进作用。这是由于皖北地区主要是平原地带,原有的排灌和用电设施就已经较为完善,因此后期的促进作用不明显,对于皖中和皖南而言,排灌和用电水平的提升能够显著提升其生态系统服务。在经济社会影响因素方面,对于皖北、皖中和皖南都显著的因素是消费支出和城镇化。随着城镇化的推进,生态系统服务将会显著减少,这是因为城镇化会大幅增加建筑面积,生态用地的面积大幅减少,可以提供的生态系统服务随之减少。GDP对于生态系统服务的贡献,仅仅在皖中地区显著,皖中地区是皖江经济带,一方面经济增长带来的环境治理投入增加使得生态系统服务增加,另一方面江河中的渔业所提供的食物供给服务是GDP增长的组成之一,因此GDP能够带动一定体量的生态系统服务增加。财政投入的提高促进生态系统服务增加的区域主要集中在皖北和皖南地区。这两个地区通过财政投入提升了生态系统提供生态产品的服务能力。从居民人均纯收入来看,皖中和皖南地区随着居民人均纯收入的提高,生态系统服务随着降低,这是由于人均纯收入的提高会大幅促进现代化生活方式的进行,从而抑制了生态系统服务的提升。从人口来看,皖中地区的人口因素显著影响了该地区生态系统服务,随着人口的聚集和增加,皖中地区的生态系统服务降低,但这一趋势在皖北和皖南地区不显著。详见表3-18。

表3-18 不同区域生态系统服务的影响因素差异

变量	皖北	皖中	皖南
Intercept	220.807 4 (1 560.730 6)	27 457.344 8*** (5 584.191 2)	23 276.636 5*** (2 988.958 1)
rain	−0.000 0 (0.000 1)	−0.001 1*** (0.000 1)	−0.000 6*** (0.000 1)

（续表）

变量	皖北	皖中	皖南
NDVI	−0.504 5 (0.992 1)	−89.613 4*** (9.782 0)	−73.327 7*** (9.502 2)
NPP	0.000 2 (0.000 2)	−0.000 9 (0.000 8)	−0.000 3 (0.000 7)
DEM	0.086 4*** (0.019 3)	0.033 8 (0.027 9)	0.021 5 (0.027 5)
Cropland	13.229 6*** (1.871 7)	192.952 8*** (11.371 6)	168.478 2*** (9.838 3)
Forest	−643.185 2*** (56.364 0)	66.060 9*** (13.179 2)	71.459 8*** (10.993 1)
Grassland	434.588 3*** (58.054 2)	−593.501 3 (768.983 7)	−300.423 4 (748.386 4)
Water	−99.854 4*** (7.935 3)	71.697 0* (33.038 8)	90.704 4** (29.909 7)
Impervious	−103.527 1*** (5.860 1)	64.204 7* (28.178 4)	157.104 2*** (40.110 6)
nong	0.899 1*** (0.025 5)	0.492 8*** (0.114 6)	0.413 1*** (0.106 3)
lin	−0.131 2 (0.078 9)	−0.967 8* (0.378 3)	−0.632 8* (0.278 3)
mu	−0.003 1 (0.009 1)	−0.104 5* (0.043 5)	−0.134 6*** (0.038 8)
yu	−0.096 6 (0.110 8)	−0.382 7 (0.525 2)	−1.159 3** (0.435 6)
jixie	0.002 5*** (0.000 6)	0.017 3** (0.006 3)	0.023 4** (0.007 3)
paiguan	−0.002 3 (0.003 7)	0.062 9* (0.024 5)	0.126 0*** (0.022 0)
yongdian	−0.047 0 (0.030 4)	0.646 1*** (0.125 2)	0.479 8*** (0.074 1)

(续表)

变量	皖北	皖中	皖南
huafei	−0.007 4 (0.012 5)	−0.003 8 (0.068 5)	0.208 4* (0.094 6)
baomo	0.005 1 (0.111 4)	1.775 0** (0.541 2)	0.164 6 (0.386 0)
nongyao	−0.247 3** (0.074 6)	−0.467 8 (0.253 6)	0.133 2 (0.195 3)
GDP	1.469 4 (6.213 3)	232.168 9*** (32.191 0)	−1.000 1 (29.864 9)
Rev	0.029 1*** (0.006 6)	−0.073 2 (0.043 7)	0.139 9*** (0.029 9)
exp	−0.008 9** (0.002 8)	−0.122 1*** (0.022 6)	−0.284 6*** (0.028 8)
nlmy	−0.000 2 (0.001 5)	−0.104 3*** (0.012 2)	−0.018 7 (0.010 4)
income	0.280 2 (0.144 1)	−2.224 6** (0.679 7)	−1.316 0*** (0.243 0)
trade	−0.002 1** (0.000 7)	−0.017 0** (0.005 7)	0.026 8*** (0.006 7)
pop	−8.195 0 (5.016 6)	−93.626 3*** (19.598 1)	−83.592 8* (35.292 8)
chengzhen	−8 307.438 0** (2 635.361 6)	−49 944.021 9*** (13 701.078 7)	−26 331.905 0*** (6 653.588 3)
Observations	335	490	373
R^2/调整 R^2	0.999/0.999	0.967/0.966	0.982/0.980

注：* 表示 $P<0.05$；** 表示 $P<0.01$；*** 表示 $P<0.001$，下同。

4 皖北平原区农业机械化对生态系统服务关系的影响

农业生产的现代化进程不断加快，国家出台各项政策支持农业现代化，其中一项重要的惠农政策为农机购置补贴。农机购置补贴正式出台时间是2004年，农业部制定了《农业机械购置补贴资金使用管理办法（试行）》，鼓励农民购买和使用农业机械，促进农业农村现代化。截至2020年底，中央财政农业机械购置补贴累计投入2 392亿元，购置4 800多万台农机具，惠及3 800多万名农民[203]。自农机购置补贴政策实施以来，财政支持强度逐年增加，推广面积不断扩大，全国农业机械总动力达到10.3亿kW，农作物耕种收综合机械化率为71%[203]，农业机械化对于农业生产效率提高的效果逐步显现。

农业机械化具有一定环境效应[204]，能够减少地膜使用量、增加了秸秆焚烧量，影响了化肥使用强度[205]。从文献回顾来看，农业机械化的效应研究主要集中在对农业生产效率的提高、劳动力转移、农民收入提高[206]等经济方面。研究表明，农业机械化有利于扩大农业生产规模，明显提升农业生产效率与粮食产出[207]，促进了农村劳动力向城市的转移[208]，并改变农业种植结构。但是农业机械化对于生态系统服务权衡与协同的研究较少涉及，并且未对其作用机制进行深入探讨。

本章试图从农业机械化视角研究生态系统服务对于人类活动的响应情况。全国农业机械购置补贴政策从2004年开始在全国试点，2009年在全国范围全面推广。本章选择4项重要的生态系统服务（食物供给服务、保水服务、保土服务、固碳服务）作为生态系统服务的表征，首先估计农业机械化对污染性农业生产行为的影响，其次检验了农业机械化对农业产业结构调整和农村劳动力转移的影响，再次，研究农业产业结构和农村劳动力调整对土地利用的影响，最后检验了农业机械化对生态系统服务权衡/协同关系的作用机制。

本章的创新点在于：一是从农业机械化和农业机械补贴政策的角度拓展了公共政策对于生态系统服务权衡/协同关系影响的研究。二是关注了农业生产行为的变化和土地利用类型的变化，厘清了农业机械化对于生态系统服务权衡/协同关系的影响机制，并通过实证研究提供相应的经验证据。

4.1 研究假说

农业机械化影响生态系统服务权衡/协同关系的主要路径如下。

（1）改变化肥、农药的投入量

在粮食主产区，农业的化肥施用量增长快速、施用强度增大。过量施用化肥、农药，一方面可能造成土壤板结、重金属积累，降低了粮食的产量和品质，导致区域的粮食供给能力下降。另一方面，化肥的不合理使用给生态系统中的土壤、水体都带来负面作用，影响了生态系统服务的土壤保持功能和水源涵养功能。土壤中未被农作物吸收的氮、磷等元素会通过土壤侵蚀、淋溶等方式进入水体，引起水体污染。农业机械化可以实现更为精准的施肥和喷洒农药，机械化深施肥技术能够提高投入品的使用效率，减少过量施用农药、化肥导致的土壤污染问题。水肥一体化技术等能够定量、均匀、准确地将肥料输送到植物根茎部位，提高了水肥利用率。近年来无人机在农业领域广泛应用，通过无人机精准施肥，能够显著提高喷施效率，节约水肥，从而减少对环境的污染，保障土壤保持服务、水源涵养服务等。

（2）改变农业种植结构

农业机械化的普及，将有利于提升农业规模化发展，提高粮食播种面积。水稻、小麦等粮食作物相对于经济作物而言更容易实现机械化，由此粮经作物面积发生变化，土地利用类型发生转变。综上，农业机械化会通过改变农业种植结构，导致土地利用类型的变化，从而影响生态系统土壤保持服务、水源涵养服务、固碳服务和粮食供给服务的时空格局，间接影响了生态系统服务权衡/协同关系。

综上所述，本章提出以下假说。

假说1：农业机械化会对农药使用、化肥施用等农业生产行为产生影响，从而导致生态系统服务变化和权衡/协同关系变化。

假说2：农业机械化主要通过改变农业种植结构对生态系统服务产生影响，从而改变生态系统服务权衡/协同关系的时空格局。

4.2 模型设定

本研究以安徽省县域为单元，建立双重差分模型以分析农业机械化对生态系统服务的影响。双重差分模型适用于评价某一事件产生的影响，能够消除变量选择性偏差。建立模型如下：

$$Rx = \alpha \cdot Jixie + \beta X + \mu + \theta + \varepsilon$$

$$Jixie = \delta X + \mu + \theta + \varepsilon$$

式中，因变量 Rx 表示生态系统服务权衡/协同，取值为 $Rswgt$（食物供给服务与固碳服务的权衡/协同关系）、$Rswbt$（食物供给服务与土壤保持服务的权衡/协同关系）、$Rswbs$（食物供给服务与水源涵养服务的权衡/协同关系）、$Rgtbt$（固碳服务与土壤保持服务的权衡/协同关系）、$Rgtbs$（固碳服务与水源涵养服务的权衡/协同关系）、$Rbtbs$（土壤保持服务与水源涵养服务的权衡/协同关系）。$Jixie$ 代表农业机械化水平，用机械总动力（kW·h）表示。X 表示其他控制变量，考虑了农药（nongyao）、化肥（huafei）、农业种植结构（jiegou）等变量。农药变量采用农药使用量（t）表示，化肥变量采用化肥施用量（t）表示，农业种植结构采用粮食种植面积和农作物种植面积比值表示。α 和 β 代表估计系数，分别反映农业机械化和其他控制变量对生态系统服务权衡/协同的作用效果。μ、θ、ε 分别代表地区固定效应、时间固定效应和误差项。

进一步，本研究还将检验农业机械化对生态系统服务权衡/协同关系的作用机制。事实上，农业机械化通过两个途径影响生态系统服务。第一，农业机械化通过影响化肥、农药等农业投入品的施用行为影响生态系统服务。第二，农业机械化通过改变农业种植结构影响生态系统服务。本研究主要针对这两个作用机制进行检验，判断这两种机制对生态系统服务权衡/协同关系的影响是否显著。

4.3 结果与分析

农业机械化对生态系统服务权衡/协同关系的影响如表 4-1 所示。在模型估计中，本研究采用县域聚类标准误的方法获得稳健的估计结果。

模型（1）至模型（6）汇报了农业机械化对于六种生态系统服务关系的作用效果。在模型（1）和模型（4）中，农业机械化对生态系统服务关系的作用效果并不显著。但是，模型（2）（3）（5）（6）考察了农业机械化对生态系统服务关系的影响，该变量通过了 1% 水平的显著性检验。其中，农业机械化水平的提高加剧了皖北地区的食物供给—保土服务、食物供给—保水服务权衡关系，提升了固碳—保水、保土—保水的协同效应。但是机械化水平加剧了皖中地区的保土—保水权衡效应。从地区差异性来看，模型（1）至模型（5）的差异性不显著。值得关注的是，模型（6）农业机械化对保土服务与保水服务的关系，在皖北地区和皖中地区有明显差异。在皖北地区，农业机械化促进了保土服务与保水服务之间的协同。然而在皖中地区，农业机械化加剧了保土服务与保水服务之间的权衡。

化肥施用量对于生态系统服务关系影响显著的是模型（3）和模型（5），分别通过了 1% 水平和 0.5% 水平的显著性检验。化肥施用量加剧了食物供给服务与保水服务的权衡，促进了固碳服务和保水服务的协同效应。

农药使用量对于生态系统服务关系影响显著的是模型（1），并且通过了 0.5% 水平的显著性检验。由此可见，农药使用量促进了食物供给服务和固碳服务的协同效应。

农业种植结构变化对于生态系统服务关系影响较为显著的是模型（1）和模型（4）。换句话说，粮食种植比例的提升，对于食物供给服务与固碳服务之间的权衡关系起到加剧的影响，对于固碳服务和保土服务之间起到协同的作用。生态系统服务权衡与协同关系对农业生产资料响应的区域差异详见表 4-1。

4 皖北平原区农业机械化对生态系统服务关系的影响

表4-1 生态系统服务权衡与协同关系对农业生产资料响应的区域差异

变量	Rswgt (1)	Rswbt (2)	Rswbs (3)	Rgtbt (4)	Rgtbs (5)	Rbtbs (6)
jixie	0.0011 (0.0067)	-0.1384* (0.0552)	-0.1589* (0.0763)	0.0117 (0.0100)	0.0519* (0.0235)	0.0316* (0.0140)
jiegou	-0.0245*** (0.0042)	-0.0468 (0.0342)	-0.0535 (0.0473)	0.0152* (0.0062)	0.0222 (0.0146)	0.0004 (0.0087)
huafei	0.0000 (0.0073)	-0.0787 (0.0598)	-0.1624* (0.0826)	0.0069 (0.0108)	0.0662** (0.0255)	0.0093 (0.0152)
nongyao	0.0074** (0.0024)	-0.0228 (0.0197)	-0.0233 (0.0273)	0.0058 (0.0036)	0.0078 (0.0084)	-0.0021 (0.0050)
jixie * [皖南]	0.0081 (0.0078)	0.0831 (0.0643)	0.0997 (0.0888)	-0.0035 (0.0116)	-0.0359 (0.0274)	-0.0159 (0.0164)
jixie * [皖中]	-0.0102 (0.0074)	0.0521 (0.0606)	0.0329 (0.0837)	-0.0015 (0.0110)	-0.0177 (0.0259)	-0.0489** (0.0154)
jiegou * [皖南]	0.0279*** (0.0047)	-0.0314 (0.0383)	-0.0504 (0.0530)	-0.0042 (0.0069)	0.0083 (0.0164)	0.0123 (0.0098)
jiegou * [皖中]	0.0344*** (0.0047)	-0.0627 (0.0383)	-0.0897 (0.0530)	-0.0063 (0.0069)	0.0044 (0.0164)	0.0250* (0.0098)
huafei * [皖南]	-0.0001 (0.0074)	0.0352 (0.0608)	0.0993 (0.0840)	-0.0027 (0.0110)	-0.0535* (0.0259)	-0.0060 (0.0155)
huafei * [皖中]	-0.0027 (0.0074)	0.0537 (0.0612)	0.1293 (0.0845)	-0.0058 (0.0111)	-0.0671* (0.0261)	0.0017 (0.0156)
nongyao * [皖南]	-0.0042 (0.0028)	-0.0020 (0.0232)	-0.0164 (0.0321)	0.0015 (0.0042)	0.0098 (0.0099)	0.0083 (0.0059)
nongyao * [皖中]	-0.0052 (0.0028)	-0.0010 (0.0231)	-0.0085 (0.0319)	0.0001 (0.0042)	-0.0039 (0.0098)	0.0208*** (0.0059)
[皖北]	0.3499** (0.1341)	5.3087*** (1.1016)	7.8199*** (1.5221)	-1.0743*** (0.1996)	-2.9325*** (0.4699)	-0.4681 (0.2803)
[皖南]	-0.6938*** (0.0886)	-1.6713* (0.7281)	-2.4084* (1.0060)	0.3008* (0.1319)	0.8234** (0.3106)	0.5035** (0.1852)
[皖中]	-0.1614 (0.0905)	0.5394 (0.7439)	1.1514 (1.0279)	-0.1247 (0.1348)	-0.4151 (0.3173)	0.3330 (0.1893)
R^2/调整R^2	0.994/0.994	0.848/0.842	0.755/0.746	0.821/0.814	0.711/0.700	0.994/0.994

4.4 结论与讨论

本研究基于 2000—2020 年安徽省县域面板数据，分析了农业机械化对生态系统服务关系的作用机制，并运用双重差分模型估计了农业机械化对于六种生态系统服务权衡/协同关系的作用效果。研究结果表明：第一，农业机械化能够显著通过改变化肥施用量的途径影响食物供给服务与保水服务之间权衡关系，促进固碳服务与保水服务的协同关系。第二，农业机械化通过改变农药使用量的途径影响生态系统服务权衡/协同关系的作用不显著。第三，农业机械化通过改变农业种植结构的途径影响生态系统服务权衡/协同关系的作用不显著。

在农业生产资料方面，农业机械化水平的提升、农村用电量的增加，一方面大幅提升了农业生产效率，显著提高了食物供给水平，食物供给服务增加，但是另一方面，农业机械化和农村用电量的增加带来固碳服务、保水服务、保土服务等生态服务的减少是显著的。因此以机械化和用电量为代表的农业农村现代化水平的提升，加剧了食物供给服务与保土、保水、固碳等生态服务之间的权衡关系，提高保土、保水、固碳服务之间的协同关系。农药施用量的提高，对于生态环境的破坏更是显而易见的，由此带来农田生态系统保土、保水、固碳服务的下降，因此对于这三者之间的协同作用是正向的。过度的农药施用量，不仅仅破坏了土壤结构、降低了土壤有机质含量、扰动了土壤微生物的生存环境，降低了固碳能力，还破坏了农田的生物多样性，超过了农田能够自我更新的生态阈值，使得整个农田生态系统无法可持续发展，食物供给服务大幅降低。从这个角度而言，农药对于食物供给—固碳服务的协同关系是正向的。

根据以上研究，本研究得到如下结论。第一，应该以提高农业机械化水平为创新举措，增强粮食供应能力，促进生态系统保水功能的发挥，提高两者之间的协同效应。第二，有针对性地完善农机具购置补贴，大力发展无人机化肥施用技术等农业机械化技术，推广无人机施肥等扶持性和奖励性政策，增强生态系统稳定性。

5 皖西南山区劳动力转移对生态系统服务的影响

长江经济带的发展推动了安徽省城镇化的进程，并推动了农村劳动力向城镇转移。由于地形限制，山地的农业机械化水平和劳动力效率较低，土地的规模化经营和集约化利用受限，山区劳动力逐步转移到城镇实现兼业化和非农化，由此对山区生态系统产生了影响。耕地质量较差或位置较为偏远的地块出现撂荒现象。随着年限的增加，撂荒地块植物群落多样性增加，耕地逐步演变为灌木、草丛甚至林地，地表植被覆盖率增加，由此带动固碳服务、土壤保持服务、水源涵养服务的变化。

劳动力转移是城镇化和经济发展的必然结果，也是促进山区生态系统演化的重要因素。不同地区的经济发展水平和生态资源禀赋的差异可能导致地区劳动力转移对生态系统服务影响的差异。因此有必要深入微观层面，进一步细化劳动力转移对生态系统服务及其相互关系的影响研究。皖西南地区是贫困山区，也是典型的生态功能区。因此研究皖西南地区劳动力转移对生态系统服务的影响具有重要的现实意义，可以为皖西南山区的进一步生态恢复和劳动力发展提供政策参考。

5.1 理论分析框架

根据森林转型理论，森林面积从不断减少的趋势转为逐步增长的趋势，受到社会经济生态系统的共同影响。森林转型的路径可以有多种方式，较为典型的是"经济发展路径"[209]。经济增长促进了农村劳动力转移，造成了耕地抛荒，部分耕地转化为林草地。皖西大别山区和皖南山区原先都属于贫困地区，劳动力在农业中获得的收益十分有限，大量的山地呈现粗放式发展。随着劳动力转移，山区人口减少，对于山区森林砍伐等现象减少，减轻了山区的森林恢复压力。已有的研究较少涉及劳动力转移对生态系统服务权衡/协同关系的因果关系探索。本章内容主要聚焦于安徽省皖西南山区，着重分析劳动力转移是否是生态系统服务权衡/协同的驱动机制。生态系统服务权衡与协同关系的研究可以为土地利用优化配置、生态资源要素投入优化等提供理论依据和现实指导。

5.2 模型设定

本研究以安徽省县域为单元，建立模型分析劳动力对生态系统服务权衡/协同关系的影响。建立模型如下：

$$Rx = \alpha pop + \beta Urbanization + \delta X + \mu M + \varepsilon$$

$$M = \eta_1 pop + \varepsilon$$

$$M = \eta_2 Urbanization + \varepsilon$$

式中，因变量 Rx 表示生态系统服务权衡/协同，取值为 Rswgt（食物供给服务与固碳服务的权衡/协同关系）、Rswbt（食物供给服务与土壤保持服务的权衡/协同关系）、Rswbs（食物供给服务与水源涵养服务的权衡/协同关系）、Rgtbt（固碳服务与土壤保持服务的权衡/协同关系）、Rgtbs（固碳服务与水源涵养服务的权衡/协同关系）、Rbtbs（土壤保持服务与水源涵养服务的权衡/协同关系）。pop 代表劳动力数量。Urbanization 表示城镇化率。X 表示其他控制变量。α、β、δ 代表估计系数，分别反映劳动力、城镇化率和其他控制变量对生态系统服务权衡/协同的作用效果。μ、θ、ε 分别代表地区固定效应、时间固定效应和误差项。X 控制变量包括：GDP 表示国内生产总值（万元），Rev 表示财政收入（万元），income 表示农民人均纯收入（元），trade 表示社会消费品零售总额（万元）。M 表示中介变量，包括 ind（产业结构）和 land（土地利用）。模型变量说明见表 5-1。

表 5-1　模型变量说明

变量性质	变量缩写	变量解释	单位
因变量 Y	Rswgt	食物供给服务与固碳服务相关系数	无
	Rswbt	食物供给服务与保土服务相关系数	无
	Rswbs	食物供给服务与保水服务相关系数	无
	Rgtbt	固碳服务与保土服务相关系数	无
	Rgtbs	固碳服务与保水服务相关系数	无
	Rbtbs	保土服务和保水服务相关系数	无
核心自变量	pop	总人口	万人
	chenzhen	城镇化率	%
待估中介变量 M	ind	产业结构调整	无
	land	土地利用因素	无
自变量 X	GDP	国内生产总值	亿元
	Rev	财政收入	万元
	exp	财政支出	万元
	income	农民人均纯收入	元
	trade	社会消费品零售总额	万元

5.3　结果与分析

回归结果显示，人口降低了食物供给服务与固碳服务、保土服务、保水服务之间的协同效应。这是因为人口减少带来食物供给需求的减少，但是耕地恢复成林草需要一定的时间，植物净初级生产力的提升慢于食物供给服务的变化。同时人口规模下降，能够进行的水土保持措施越高，因此保土和保水服务等越高。对人口因素的响应中，皖西山区人口规模下降了保土—保水服务的协同效应。但是皖南山区人口下降缓解了保土—保水服务的权衡效应。

城镇化水平的提高，促进了食物供给—保土服务、食物供给—保水服务之间的协同作用，这是因为城镇化导致农村人口大量流入城市，农地规模化程度加大，农业生产得以集约化和规模化发展，大幅提高了食物供给水平。同时，规模化的农田，水土保持措施相对更为科学和完善，因此农地的规模化经营能够促进土壤保持。城镇化带来的温室效应，使得降水量减少，保水服务大幅减少，因此城镇化加深了保土—保水服务的权衡关系。城镇化的温室效应导致的碳排放增加，削弱了固碳服务，但是碳的增加在一定程度有利于植物的生长，从而提高了植物的保水能力。因此城镇化水平的提升，加剧了固碳—保土、固碳—保水、保土—保水之间的权衡作用。对于城镇化水平的响应中，皖西山区随着城镇化水平的提高，食物供给—固碳服务权衡效应加剧。但是皖南地区却随着城镇化程度的推进，食物供给—固碳服务协同效应不断增强。城镇化也能促进皖南地区食物供给—保水服务之间的协同作用。

除此之外，生态系统服务之间的权衡/协同关系还受到以下社会经济变量的影响。

GDP 表示国内生产总值。农业产值占比在 GDP 影响食物供给—固碳服务协同关系时发挥着完全中介效应。经济发展程度的提升，农业产值在农林牧渔业总产值的占比降低，因此食物供给服务水平较低，土壤固碳服务水平也较低，两者之间协同作用加深。经济发展水平影响食物供给与保土服务、食物供给与保水服务、固碳服务与保土服务的关系之间，存在土地利用类型改变和农业产业结构调整这两个途径。随着 GDP 的增长，耕地面积占比增加，农业产值占比降低，食物供给—保土服务协同关系增强，食物供给—保水服务协同关系也增强。随着 GDP 的提高，耕地面积减少，但是农业总产值占比提高，固碳—保土服务之间的权衡关系加剧。GDP 对于食物供给—固碳、食物供给—保土、食物供给—保水服务的协同关系有正向促进作用，并在 0.1% 水平显著。这是因为一方面 GDP 提高表示经济发展水平的提高，土地生产率和劳动生产率都促进了食物供给水平，也提高了植物净初级生产力，固碳水平提高；另一方面，GDP 的提高有助于增强科学高效的水土保持措施，使得保土服务和保水服务不断提高。因此，GDP 的提高对于食物供给—固碳、食物供给—保土、食物供给—保水服务的协同关系有正向促进作用。GDP 的增加提高了固碳—保土、固碳—保水、保土—保水之间的权衡关系，并在 0.1% 水平显著。这是因为当经济发展水平提升，原本植被净初级生产力较低的地区通过良好的耕作措施大幅提高了固碳水平，但是破坏了原有植被保土和保水服务的能力。当 GDP 提高时，对于土壤的开垦和利用是扩张性的，保土服务能力下降，但是经济水平的提升，也使得人们对于水资源环境的重视和加强，因此保水服务在提升。经济的发展加深了保土—保水服务权衡关系。

Rev 表示财政收入。随着财政收入的提高，耕地面积不断缩小，但是农业总产值占比不断增加，固碳—保水服务之间协同关系增强。这是因为财政收入的增加有利于转向城市建设，土地利用类型由耕地转向建筑用地，农业领域财政投入增加带来农业总产值占比的增加，提高了固碳—保水服务之间协同效应。财政投入的提高加深了食物供给—固碳服务、食物供给—保土服务、食物供给—保水服务的权衡关系，提高了固碳—保土、固碳—保水、保土—保水之间的协同关系，并且在 0.1% 水平下显著。这是因为一方面食物供给服务的提升最重要的是提高农业生产效率，需要财政投入增强农业科学技术的研发和农业基础设施建设的投资；另一方面，财政投入投向食物供给领域，相对于固碳、保土、保水等生态领域建设的投资能力减少，导致了财政投入对于食物供给—固碳服务、食物供给—保土服务、食物供给—保水服务的权衡关系的加深，以及对固碳—保土、固碳—保水、保土—保水之间的协同关系的促进作用。

Income 表示农民人均纯收入。随着农民人均纯收入的提高，保土—保水服务之间的协同效应增强，其中土地利用类型的转变以及农业产业结构转型发挥着完全中介效应。这是因为农民收入的提高使得更多的人进入城市，放弃了一部分农业耕作活动，抛荒地增加，耕地面积减少，但是农业总产值占比并没有减少，生态系统得以发挥更多的生态效应而非经济效应，因此保土、保水服务等都得到增强，保土—保水服务之间协同效应增加。农民人均纯收入对于食物供给—固碳服务、食物供给—保土服务、食物供给—保水服务之间的协同关系是正向促进作用。当农民人均纯收入提高时，人们不用为了获得充足的食物而牺牲固碳、保土、保水等生态效益。农民人均纯收入提高也有利于提高保土—保水之间的协同作用，并且在 0.1% 水平显著。值得一提的是，农民人均纯收入加剧了固碳—保土之间权衡关系，这是因为农民在农田种植农作物，尤其是种植豆科类植物时，能够增强农田的固碳服务，但是农作物耕作破坏了耕作层，保土服务受到损失，因此农民人均纯收入不利于固碳服务和保土服务的协同发展。

trade 表示社会消费品零售总额。消费的增加会带来食物供给需求的增加，间接带动了食物供给服务的提升，但是对于固碳服务是负向作用，消费会带来过量的碳排放。社会消费品零售总额对于固碳服务、保土服务、保水服务两两关系之间呈现负向作用，即社会消费品零售总额的提升将加剧三者之间的权衡关系。这是因为消费带来碳排放的增加不利于固碳服务提升，但是消费能够促进森林康养、流域景观资源保护的需求，有利于保土和保水服务的增加，因此消费加剧了固碳—保土、固碳—保水之间权衡关系。消费对于保土—保水服务之间呈现权衡效应,这是因为消费总额一定的情况下,能够促进保土服务的森林康养类消费和能够促进保水服务的流域景观资源类消费不能完全兼得,因此当消费增长时两者之间呈现权衡关系。食物供给—保土服务、食物供给—保水服务协同关系对于社会消费品零售总额的响应是正向的,消费提高意味着食物需求的提升,间接带来了食物供给能力的提升。消费刺激了森林康养等旅游消费,由此引发森林地区的土壤保持和水源涵养服务的提升。

中介变量模型回归结果见表5-2至表5-4。

表5-2 中介变量模型1回归结果

变量	Rswgt	Rswbt	Rswbs	Rgtbt	Rgtbs	Rbtbs
pop	0.008 5*** (0.002 0)	0.037 9* (0.015 8)	0.045 9* (0.021 8)	−0.005 0 (0.002 8)	−0.011 7 (0.006 9)	−0.012 1** (0.004 3)
Urbanization	0.004 0 (0.002 1)	0.089 6*** (0.016 7)	0.120 3*** (0.023 0)	−0.007 4* (0.002 9)	−0.030 1*** (0.007 3)	−0.029 9*** (0.004 6)
GDP	0.018 9*** (0.002 2)	0.176 4*** (0.017 0)	0.239 5*** (0.023 5)	−0.022 9*** (0.003 0)	−0.052 1*** (0.007 5)	−0.090 1*** (0.004 7)
rev	−0.011 6*** (0.002 5)	−0.114 1*** (0.019 5)	−0.159 4*** (0.026 9)	0.015 1*** (0.003 4)	0.022 5** (0.008 5)	0.024 9*** (0.005 4)
exp	−0.002 6 (0.002 7)	−0.152 9*** (0.021 4)	−0.207 0*** (0.029 5)	0.013 1*** (0.003 7)	0.033 1*** (0.009 4)	0.025 4*** (0.005 9)
income	0.006 3* (0.002 9)	0.055 8* (0.022 5)	0.086 8** (0.031 0)	−0.017 4*** (0.003 9)	−0.016 1 (0.009 9)	0.022 8*** (0.006 2)
trade	−0.013 2*** (0.002 5)	0.278 2*** (0.019 5)	0.384 3*** (0.026 9)	−0.031 0*** (0.003 4)	−0.092 1*** (0.008 5)	−0.022 2*** (0.005 4)
R^2/调整R^2	0.992/ 0.992	0.816/ 0.815	0.705/ 0.702	0.798/ 0.796	0.631/ 0.628	0.992/ 0.992

注:* 表示 $P<0.05$;** 表示 $P<0.01$;*** 表示 $P<0.001$,下同。

表5-3 中介变量模型2估计结果

变量	Rswgt	Rswbt	Rswbs	Rgtbt	Rgtbs	Rbtbs
pop	0.005 4** (0.002 0)	−0.003 6 (0.015 7)	−0.011 2 (0.021 6)	−0.000 2 (0.002 8)	0.006 5 (0.006 9)	0.003 8 (0.004 1)
chenzhen	0.006 3** (0.002 2)	0.081 6*** (0.016 6)	0.107 8*** (0.022 9)	−0.007 6* (0.003 0)	−0.029 8*** (0.007 3)	−0.033 0*** (0.004 3)
Cropland	−0.002 1 (0.002 1)	0.087 2*** (0.015 9)	0.124 4*** (0.022 0)	−0.006 9* (0.002 9)	−0.028 4*** (0.007 0)	−0.014 4*** (0.004 1)

(续表)

变量	Rswgt	Rswbt	Rswbs	Rgtbt	Rgtbs	Rbtbs
Np	−0.110 6*** (0.014 4)	−0.756 4*** (0.110 2)	−1.011 2*** (0.152 1)	0.107 5*** (0.019 8)	0.390 1*** (0.048 3)	0.404 4*** (0.028 7)
GDP	0.002 1 (0.003 1)	0.021 1 (0.023 5)	0.028 6 (0.032 4)	−0.003 0 (0.004 2)	0.021 4* (0.010 3)	−0.019 9** (0.006 1)
rev	−0.010 4*** (0.002 4)	−0.097 4*** (0.018 7)	−0.136 4*** (0.025 8)	0.013 2*** (0.003 4)	0.015 3 (0.008 2)	0.018 6*** (0.004 9)
income	0.010 9*** (0.002 9)	0.108 8*** (0.022 2)	0.159 4*** (0.030 6)	−0.023 8*** (0.004 0)	−0.039 9*** (0.009 7)	0.001 3 (0.005 8)
trade	−0.011 0*** (0.002 5)	0.289 1*** (0.018 8)	0.398 5*** (0.025 9)	−0.032 7*** (0.003 4)	−0.098 4*** (0.008 2)	−0.029 3*** (0.004 9)
观测值	1 198	1 198	1 198	1 198	1 198	1 198
R^2/调整 R^2	0.992/0.992	0.831/0.830	0.729/0.726	0.806/0.803	0.662/0.659	0.993/0.993

表 5-4 中介变量模型 3 回归结果

变量	Cropland	Np
pop	0.196 5*** (0.028 8)	−0.032 3*** (0.004 2)
chenzhen	0.229 8*** (0.030 4)	0.015 9*** (0.004 4)
其他变量	控制	控制
观测值	1 198	1 198
R^2/调整 R^2	0.998/0.998	0.998/0.997

从耕地面积来看，耕地面积的增加对于食物供给服务是有利的，在农田生态系统内，耕地面积的增加带来农业规模化程度的提升，因此水土保持措施更为高效和精准，耕地面积的增加促进了食物供给—保土服务、食物供给—保水服务的协同作用。但是对于更大范围的生态系统而言，耕地面积的增加，意味着林地、草地等生态资源面积的缩小，由此带来的固碳服务的大幅减少，固碳—保土服务、固碳—保水服务之间的权衡加剧。虽然农田保土保水措施较好，但是更大范围的林地草地开垦带来的土壤保持服务的降低也是明显的。因此保土和保水服务之间的权衡关系随

着耕地面积增加而加剧。除了固碳—保土服务以外，耕地面积变量对于生态系统服务权衡/协同关系均显著。

农业产值占比的提高加剧了食物供给—固碳服务、食物供给—保土服务、食物供给—保水服务之间的权衡关系，提高了固碳服务、保土服务、保水服务两两之间的协同关系。这是因为一方面农业产值占比的提高，直接关系到食物供给服务的提高；另一方面，农业产值占比提高意味着对于生态资源的大量占用，使得生态系统服务的固碳服务、保土服务、保水服务等大幅降低。

5.4 结 论

由上述模型结果分析可知，人口转移带来食物供给—保土服务的权衡关系的缓解以及食物供给—保水服务协同关系的增强。土地利用类型改变和农业产业结构调整是中介变量。人口规模减小使得土地利用类型逐步转为林草地，生态系统耕地经济生产活动压力下降，生态系统的支持和调节服务增强。

6 江淮丘陵区退耕还林工程对生态系统服务的影响

退耕还林工程是通过资金或粮食补贴鼓励农民将原有不适宜耕作的耕地转化为林地，达到增加植被覆盖、控制水土流失、保护生态环境目标的重要林业生态工程[210]。退耕还林对于生态系统的影响主要体现在对生态系统服调节服务和供给服务的变化[211]。退耕还林政策是在粮食生产和生态保护之间的权衡决策。如何最大限度减少权衡，增加生态系统服务的总供给，促进生态系统的可持续发展是迫在眉睫的重要任务。具体而言，存在植被覆盖与产水服务的权衡、植被覆盖与土壤保水服务的权衡[212]、林下生物多样性与土壤保水服务的权衡[213]、固碳服务与土壤保持服务的权衡[214]、固碳服务与保水服务的权衡[215]。因此，为了更好地优化退耕还林政策和规划，应当深入研究生态系统服务之间的权衡/协同关系。

本部分拟解决以下问题：退耕还林工程是否提高了土壤保护服务、保水服务等生态系统调节或者支持服务？退耕还林工程的实施对粮食供给服务的影响程度如何？探索哪些区域在实施退耕还林后粮食供给服务损失最少、调节服务增长最多，是否存在突出的权衡问题？以上三个问题的研究，将有利于更好地量化退耕还林政策对于粮食供给服务、土壤保持服务、水源涵养服务、固碳服务之间关系的变化程度，为不断完善政策提供决策依据。

6.1 研究区概况与政策背景

20年前，我国生态环境问题尤为严峻。长期以来，人口的快速增长和区域的快速城镇化，导致大面积毁林开荒、坡地种植，水土流失严重，旱涝灾害不断。1998年长江、松花江流域发生特大水灾，更是敲响了生态环境保护的警钟。面对持续退化的森林资源，我国于1999年出台了第一轮退耕还林政策，2014年启动第二轮退耕还林政策。截至2020年，我国实施退耕还林工程累计达到5.22亿亩（1亩≈667 m^2，全书同），中央累计投入5 353亿元，有1.58亿农民获益，实现了重要生态系统保护，增加了绿水青山优质生态产品供给。退耕还林工程是我国生态文明建设史上重要的林业生态工程之一。

在城镇化快速推进的背景下，2002年安徽省启动退耕还林工程。退耕还林工程实施分布安徽省84个县，其中山区占26.19%、丘陵地区占55.95%、平原地区占17.86%。2002年以来，安徽省退耕还林工程累计造林992万亩（含宜林荒山荒地造林、封山育林和退耕林造地），中央累计投入资金121.65亿元，森林覆盖率提高4.7个百分点，显著改善了生态环境。其中，2003年是安徽省造林任务最多的年份，当年共造林500万亩。退耕还林工程增加了森林植被覆盖度，加快了园林绿化工程，有效缓解了水土流失，在调节气候、涵养水源、净化空间等方面发挥重要作用，促进了森林生态系统的稳定和可持续发展。

本研究基于武汉大学的土地利用数据库，提取2000—2020年安徽省耕地变为林地的地块作为退耕还林地块，并以县域为统计单元，分析粮食供给服务、土壤保持服务、水源涵养服务、固碳服务的变化。

6.2 结果与分析

6.2.1 退耕还林对核心生态系统服务的影响

2000—2020年，安徽省退耕还林地块的土壤保持服务和水源涵养服务均有不同程度的上升，固碳服务显著上升。以县域为单位，结果表明46%的地区土壤保持服务增强，其中山地尤为明显。从水源涵养服务来看，约有49%的地块水源涵养服务增加，其中3%增强效应尤为明显。退耕还林地块固碳服务显著增强，约76%的地区有所增加。土壤保持服务的高值区集中在合肥市和滁州市的南部。水源涵养服务高值区集中在合肥市和滁州市的中南部。固碳服务较为均衡地分布在江淮丘陵地带。

6.2.2 退耕还林地块生态系统服务权衡/协同关系的时空变化

实施退耕还林工程的县域生态系统的粮食供给服务与水源涵养服务相关性显著的占18%，其中八成为协同关系，二成为权衡关系。将空间生态系统服务重叠分析，得到结果：31%实施退耕还林的县域能够提供两种或者两种以上的生态系统服务供给。从时间演化来看，合肥市呈现粮食供给与土壤保持从权衡转为协同关系；滁州市的权衡关系略有降低。从波动和离散程度来看，合肥市的波动大于滁州市。

正如预期的那样，退耕还林导致了净初级生产力（NPP）与蒸散量（ET）的增加，而蒸散量（ET）的增加导致河流径流量和年降水量的下降，从而引发水源涵养服务与粮食供给服务之间的权衡。具体而言，退耕还林工程导致县域粮食供给服务与水源涵养服务的关系呈现以下变化：合肥市的粮食供给服务与水源涵养服务从原来的协同关系转为权衡关系，滁州市协同关系减弱并趋向于权衡；淮南市南部和蚌埠市南部的权衡关系加剧。从波动和离散程度来看，江淮丘陵区的中南部比北部变动更大。

退耕还林工程所在的县域粮食供给服务与固碳服务之间呈现权衡关系，这一趋势在江淮丘陵区的北部尤为显著。退耕还林工程减少了粮食供给服务，但是显著增强了固碳服务，因此两者之间的权衡关系加剧。这是由于植树造林比耕作粮食或者经济作物的固碳效应更加显著。

6.3 讨 论

退耕还林工程是一项重大的林业生态工程，影响深远。实施退耕还林的地块大多是水土流失较为严重、土壤板结化或盐碱化严重、土地生产力严重不足的坡耕地。这些地块转为林地后，粮食供给服务较弱甚至减少为零，但种植林木以后固碳服务、土壤保持服务、水源涵养服务呈现较大的改善，生态系统支持服务之间呈现协同关系增强的情况。以县域为研究单元进行分析时，有时会出现退耕还林地块的粮食供给需求将会拓展或者转移到周边地区，导致周围地块粮食供给服务增加的情况出现。退耕还林工程使得植被扩张，引发生态系统与人类之间的潜在的水资源需求冲突，从而导致了粮食供给服务与涵养水源之间的权衡。但是这一权衡关系较弱。总体而言，生态系统服务之间的协同关系占主导作用。

总体而言，退耕还林工程有效治理了水土流失，改善了生态环境，为农民提供良好的生产生活条件，为经济社会发展提供持续生态保障。需要进一步加强对现有退耕还林的有效管理，切实做好保障措施，持续推进后续产业发展。退耕还林工程的稳步推进和成果巩固，离不开强有力的保障措施。

本研究利用逐像元空间分析方法，探讨了核心生态系统服务之间的关系，但是不容易做到多个生态系统服务的关系评价，难以做到多目标决策，实现整个生态系统的最优。尤其是生物多样性服务、文化服务、气候调节等生态系统服务功能未能全面涵盖。因此下一阶段可以增加多元评价，实现生态系统服务的多功能性评价和决策。

6.4 结 论

实施了近20年的退耕还林工程，为安徽省生态系统的土壤保持服务、水源涵养服务、固碳服务、粮食供给服务等带来了时空格局的变化。研究结果表明，实施退耕还林的地块土壤保持显著上升，水源涵养服务显著提高，固碳服务显著增强，粮食供给服务减少。从县域角度来看，退耕还林工程对于周边地块具有一定程度转移效应，但总体而言，实施退耕还林的县域土壤保持服务年际变化呈现增加的态势，水源涵养服务也呈现增长的趋势，固碳服务显著增强。江淮丘陵区的不同区域呈现的差异变化不大。退耕还林工程为退化的农田生态系统、不适宜耕作的丘陵山地生态系统提供了恢复的机会。

7 都市圈可持续发展的生态系统服务评估与情景模拟

本章的研究内容主要包括：基于生态系统服务框架，结合土地利用现实情况，设计情景规划的技术路径，如情景基础设定、评估和模拟等。探讨不同情景下生态系统发展的可能方向，并评估不同情景下生态系统内各因素的综合作用，生成不同情景下的土地利用、产业发展的权衡方案。利用情景规划工具，探索生态系统服务的未来发展和变化，可以为土地利用科学决策、资源科学管理实现可持续发展提供一种可能性。

选择安庆都市圈作为典型案例区是因为皖江经济带是21世纪以来安徽省经济最具活力的区域，都市圈的生态系统具有独特的景观格局，需要兼顾生产和生态属性，形成耦合自然资源属性、社会经济属性、生态环境属性的复杂系统。选取安庆都市圈作为典型区进行不同情景下的生态系统服务模拟，能够更好地结合生态管理措施对人类活动进行约束和规范，使得受到人类干扰活动较多的生态区域能够实现经济和生态的可持续发展。

7.1 权衡减轻的保护情景模拟

随着安庆都市圈承接长三角经济带的工业转移，城镇化进程加快，景观格局也随之发生剧烈变化，其中，变化最为明显的是耕地面积和城乡居民用地面积。自2000年以来，安庆都市圈耕地面积呈现减少趋势；建筑用地面积呈现不断增长趋势。耕地面积减少的原因在于城镇化过程中部分耕地转为建设用地以及退耕还林等生态政策影响。

如表7-1所示，安庆都市圈正处于城镇化进程中，工业总产值规模壮大，城乡、工矿、居民用地面积不断扩大，从2000年的3.76%扩大到2020年的5.48%，耕地面积不断缩小，从2000年的44.13%减少到2020年的42.71%。这一时期，安庆都市圈的工业得到发展，石化、电厂、纺织业、金属、新能源汽车等一系列工业大项目落地安庆，带动了经济的发展。在农业领域，开展农业休闲旅游项目，从第一产业向第三产业发展。土地利用结构发生巨大变化。

表7-1 安庆都市圈不同时期土地利用类型占比

单位：%

类型	2000年	2005年	2010年	2015年	2020年	2030年
耕地	44.13	43.90	43.09	42.84	42.71	41.40
林地	34.34	34.33	34.26	34.19	34.09	32.00
草地	6.00	5.99	5.98	5.96	5.98	6.14
水域	11.76	11.77	11.75	11.77	11.73	10.66

(续表)

类型	2000年	2005年	2010年	2015年	2020年	2030年
城乡、工矿、居民用地	3.76	4.00	4.92	5.23	5.48	9.79
未利用土地	0.01	0.01	0.01	0.01	0.02	0.02

运用CA-Markov模型进行模拟，通过模拟土地利用数据与已有年份的数据精度进行对比，计算模型的位置kappa系数为0.9773，证明模拟模型构建的可靠性较强，可以用于模拟[216]。如表8-1所示，2030年安庆都市圈城镇化进程加快，大量的耕地和林地面积将继续转化为城镇用地，耕地面积将大幅下降至41.40%，林地面积也将大幅减少至32.00%，预计城乡、工矿、居民用地的面积将上升至9.79%。

自2000年以来，安庆都市圈生态系统服务发生较大变化。运用ArcGIS 10.1软件，分析安庆都市圈2000年以来土壤保持、水源涵养、NPP服务和食物供给4种生态系统服务，并进行空间制图表达。土壤保持、水源涵养、NPP服务和食物供给4种生态系统服务的空间分布有较强的规律性。高值区分布在西北部，低值区分布在东南部。2000年以来，安庆都市圈的食物供给服务呈现明显的增长趋势，水源涵养服务基本保持稳定，NPP服务略有增长，土壤保持服务在2000—2010年增长较快，2010年以后保持在较为稳定的状态。

水源涵养服务高值区位于安庆都市圈的东南部，主要集中于望江县、宿松县的大部分地区以及安庆都市圈的主城区，低值区位于岳西县、桐城市、潜山县和太湖县等西北部山区。水源涵养服务主要受到降水量的影响，安庆都市圈的东南部降水偏多，因此东南部的水源涵养较西北部高。从时间趋势来看，水源涵养服务的波动较小。

土壤保持服务呈现明显的分界线。安庆都市圈西北部是大别山余脉，因此岳西县以及太湖县、潜山县、桐城县的西北部是土壤保持服务的高值区，东南部为土壤保持服务的低值区。土壤保持服务受到地表覆盖、水土保持、土壤可蚀性、地形和降雨侵蚀力的影响，因此，土壤保持服务与地理高程密切相关。2000—2010年土壤保持服务增长幅度较大，2010年以后保持较为稳定的状态。这是由于安庆都市圈开展小流域综合治理和坡耕地治理，对于山洪等自然灾害进行严密的防控，水土保持措施取得较好的成效，因此，土壤保持服务呈现先快速增长、后稳定发展的变化趋势。

NPP服务主要集中于安庆都市圈东南地区平原地带，同样以大别山余脉为分界线，东南部除了水域以外为NPP服务的高值区，西北部为NPP服务的低值区。

NPP 服务高值区主要分布在怀宁县、望江县、宿松县、枞阳县以及桐城市和潜山县的东南部。从整体来看，安庆都市圈东南平原地区的温度、日照、降雨等条件优于西北部山区，更有利于 NPP 服务累加。从变化趋势来看，NPP 服务的波动较小。NPP 服务反映土壤的现实生产能力，与温度、日照、降水和熟制等有一定的相关性，呈现一定的地域时空分布规律。

食物供给服务呈现明显的逐年递增的趋势，2010 年的食物供给服务是 2000 年的 2.53 倍，2020 年食物供给服务是 2000 年的 3.72 倍。食物供给服务的增长得益于粮食面积的稳定增长以及粮食单产的不断提高。政府强调"粮食安全"政策，切实保障耕地面积的稳定，为粮食供给提供支撑保障。除此之外，畜牧产品、林产品和水产品等的产量和产值都稳步提升，食物供给服务得以有效提高。

由于食物供给服务存在明显的增长趋势，因此选择霍尔特指数平滑法对 2030 年的食物单位产值进行模拟，结合 CA-Markov 的土地利用类型的模拟结果，评估 2030 年的食物供给服务。根据模拟结果，2030 年食物供给服务与 2020 年相比增长了 25% 左右。水源涵养服务基本与往年持平。2030 年的土壤保持服务是 2000 年的 1.36 倍，2030 年的 NPP 服务是 2000 年的 1.13 倍。

7.2 安徽省都市圈生态系统服务权衡和协同关系

如表 7-2 所示，2000 年来，安庆都市圈的生态系统服务之间的关系较为稳定，不同生态系统服务之间呈现不同的权衡/协同关系，呈现的规律如下。

表 7-2 安庆都市圈生态系统服务权衡与协同关系

生态系统服务关系类型	2000 年	2010 年	2020 年	2030 年
水源涵养—土壤保持	0.097**	0.171**	0.180**	0.171**
水源涵养—净初级生产力服务	0.396**	0.394**	0.452**	0.342**
水源涵养—食物供给	0.014	-0.089**	-0.010	-0.003
土壤保持—净初级生产力服务	-0.066**	0.015	0.070**	0.067**
土壤保持—食物供给	-0.244**	-0.247**	-0.216**	-0.157**
净初级生产力服务—食物供给	0.264**	0.117**	0.071**	0.038*

注：* 表示在 0.05 水平上显著相关；** 表示在 0.01 水平上显著相关。

第一，水源涵养服务与 NPP 服务之间的协同关系最强，可充分发挥两者之间的协同作用，促进生态系统服务的供给。水源涵养服务较强的土地利用类型一般为森林。森林能够充分利用根系防止水土流失，能够很好地养护水资源，林木冠层和枯枝落叶层能够发挥水分截留的功能。因此植被覆盖率较高的地区，不仅水源涵养服务强，而且植被净初级生产力也很强。提高植被覆盖程度，能够迅速提高水源涵养和NPP服务这两项重要的生态系统服务，同时通过这两项服务之间的协同作用，提升生态系统服务总供给水平。

第二，水源涵养、土壤保持这两项生态系统服务功能之间呈现协同关系。以林地和草地为例，这两种土地利用类型的水源涵养服务和土壤保持服务都很强，同时具有较高的植被净初级生产力，是典型的生态系统服务的重要供给来源。

第三，食物供给服务与土壤保持服务之间呈现权衡关系。例如，以耕地为代表的土地利用类型，能够提供较强的食物供给服务，但是相对而言，因为人类的开垦种植，耕地的固土服务效果不及森林，土壤的养分随着作物的种植从土壤转移至作物，因此食物供给服务与土壤保持服务之间一般呈现权衡的关系。从安庆都市圈食物供给服务和土壤保持服务之间的皮尔逊相关系数可以得到验证。

第四，食物供给服务与NPP服务之间一般呈现协同关系，这是因为植被净初级生产力较强，意味着能够更好地发挥固碳释氧等功能。以林地这一土地利用类型为例，林地的NPP服务较强，也能产生一定的食物供给服务，例如森林采集的野菜、菌类，林下种植的铁皮石斛、金线莲、黄精，林下养殖等。

分区域来看，呈现的关系如下。

第一，水源涵养服务与其他3种生态系统服务之间的协同关系在东南平原地区比西北山区表现更为明显。由此可见，在安庆都市圈，由于东南平原沿着长江流域，降雨较为集中，并且该区域内的水源涵养服务更优于西北地区，表现出的协同关系也更明显。在西北山区，降水量明显少于东南平原地区，虽然拥有一定的林地资源，但水源涵养服务功能不及东南平原，相应地，与其他生态系统服务协同关系也相对较弱。

第二，土壤保持服务与食物供给服务之间呈现权衡关系，这种权衡关系在东南平原地区表现更为显著。东南平原地区城镇化程度相对较高，对于食物供给的需求更高，平原地区也有更广阔的耕地面积，因此在土地利用的时候偏向于土地用于食物供给，土壤保持服务则相对弱化。

第三，近年来，西北山区的NPP服务和食物供给服务之间从原来的协同关系转变为权衡关系，意味着森林资源丰富的西北山区随着城镇化开发进程的加快，已经出现占用林地资源用于食物供给服务的趋势，生态资源和生态环境发生了改变。

7.3　启示与建议

本研究以安庆都市圈为研究区域，利用相关模型测算土壤保持、水源涵养、

NPP 服务和食物供给服务 4 种生态系统服务功能的相关价值,并使用相关分析法探究其时空动态变化规律,以及不同生态系统服务之间的权衡与协同关系。

从时间尺度上看,2000 年以来,安庆都市圈的食物供给服务呈现明显的增长趋势,水源涵养服务基本保持稳定,NPP 服务略有增长,土壤保持服务在 2000—2010 年增长较快,2010 年以后保持在较为稳定的状态。

从权衡/协同关系来看,水源涵养服务与 NPP 服务之间的协同关系最强,土壤保持服务与食物供给服务之间呈现权衡关系。

从未来模拟来看,2030 年的生态系统服务之间的权衡关系在减弱,协同关系在增强。安庆都市圈在未来城市建设和发展过程中,应当结合生态文明建设,在保障食物供给的过程中充分保护其他生态系统服务功能的发挥,保障区域的可持续发展。

8 生态系统服务与生态产品价值实现

生态系统服务是人类福祉和生态环境之间的重要纽带，在生态管理和环境保护决策优化中起到重要作用。在生态文明建设的指导方针下，人们对生态环境日益重视，逐渐改变了以牺牲环境为代价的经济发展模式，探索生态与经济协调发展的可持续道路。分析生态系统服务与社会经济发展之间的空间权衡与协调性，是优化区域布局，降低空间差异性，提升区域公平可持续发展的基础。生态产品是指由自然生态系统提供的产品和服务，可以分为物质供给类、调节服务类和文化服务类。生态产品价值实现机制是指将生态产品所具有的生态价值、经济价值和社会价值，通过生态保护补偿、市场经营开发等手段体现出来，建立生态环境保护者受益、使用者付费、破坏者赔偿的利益导向机制。乡村生态产品是指以乡村自然地域边界或者行政村边界为范围构成的自然生态系统提供的产品和服务产生的生态价值、经济价值和社会价值。

建立健全生态产品价值实现机制，是生态文明时代推动经济社会绿色转型的重要举措，是贯彻习总书记"绿水青山就是金山银山"理念的关键路径。2021年4月，中共中央办公厅、国务院办公厅印发的《关于建立健全生态产品价值实现机制的意见》，标志着生态产品价值实现从区域探索进入全国制度安排和实际操作的阶段。基于此，全国各地积极探索"生态产品价值实现"机制，有效聚集生态、古民居、人才、资金等各项发展要素，以"生态资本深化"的新理念推动乡村发展新格局。

8.1 生态系统服务的研究结论

生态系统服务研究对于把握我国生态空间可持续发展具有重要意义。安徽省内有淮河作为南北交界的重要地理分界线，兼具南北方气候特征。本研究以安徽省为例，深入自然地理气候资源分析和评估，构建生态系统服务模型，开展生态系统服务评估，从多个空间尺度探索生态系统服务的权衡和协同关系，为厘清区域发展特征、优化区域布局、实现生态转型和绿色可持续发展提供良好的决策支持。

本研究运用综合蓄水法、通用土壤流失方程（USLE模型）、VPM模型、食物单产法等生态学方法分别计算2001—2020年安徽省的水源涵养、土壤保持、NPP服务和食物供给等4种重要的生态系统服务，分析生态系统服务的趋势变化和空间特征，并运用相关分析法判断不同生态系统服务之间的权衡与协同关系。运用对应分析模型判断安徽省不同地貌区和4种生态系统服务之间的关系。

①安徽省生态系统服务时空格局存在异质性。皖北平原区生态系统提供的食物供给服务较为丰富，皖南山地丘陵区和皖西大别山区能够提供较高的保土服务。江南丘陵区生态系统提供较高的固碳服务。各个地貌区的保水服务相对均衡。从南北

方尺度上来看，南方地区生态系统服务的协同关系高于北方地区。从垂直尺度来看，高山林区的生态系统服务之间协同关系优于低海拔地区。从时间维度来看，2000—2020年固碳服务增长最大的区域主要集中在皖西大别山区，保土服务减少的区域集中在皖北平原区和皖中的江淮丘陵山区。

②总体而言，食物供给服务与其他3项生态系统服务呈现权衡关系，固碳服务、保土服务和保水服务之间呈现协同关系。生态系统是一个复杂系统，不同生态系统服务作为生态系统的组分经过了一个状态变化，相互关联其他生态系统服务。持续增大的环境压力在较长的时间后才会对生态系统产生显著的影响。在一定程度的扰动下，生态系统会通过自我修复能力进行调节，维持整个生态系统的基本稳定，保持良好的结构和功能。不同生态系统服务所能承受的干扰水平不同。固碳和保土服务的抗干扰能力和恢复力较强，但是保水服务对于食物供给服务的敏感性较强。生态系统功能对环境变化的响应速率不同，并体现出一定程度的滞后效应。随着扰动强度的增加和时间的累积，保水服务功能随时间缓慢变化，在后期呈现较大波动。保土服务对于外界扰动表现出较好的抵抗力，基本上不随着干扰强度的变化而变化。固碳服务功能对于环境变化有轻微响应，生态系统功能仍然能够保持正常水平，维持在较小范围内波动。

③安徽省重要生态系统服务权衡/协同关系的影响因素。食物供给服务、保土服务、保水服务这3项对降水量、植被覆盖程度、净初级生产力、地形等因素的响应均为显著。固碳服务变动对于降水量的响应不显著，对于地形、净初级生产力和植被覆盖程度的响应是显著的。耕地的增加提高了食物供给服务，林地的增加提高了保土服务，建成区面积的增加降低了食物供给服务。生态系统由不同的组分组成，当外部冲击和扰动传达到生态系统时，生态系统的某一部分组成和格局发生变化，原有的生物化学循环模式受到影响，物质能量的动态平衡受到冲击，从而引起了生态系统结构的变化，结构变化带来生态系统功能的变动，由生态系统功能决定的生态系统服务随之变化，各项生态系统服务呈现或增加或减少的状态，并且存在着相互影响，呈现出同步增长的协同关系或者此消彼长的权衡关系，最终生态系统发生稳态转换，直接影响人类的福祉。

④人口变动和农业生产方式的改变是生态系统服务权衡/协同关系的重要驱动因素。人口的增加促进了食物供给服务与固碳服务、保土服务、保水服务之间的协同关系。城镇化水平的提高，提高了食物供给—保土服务、食物供给—保水服务之间的协同作用。在农业生产资料方面，农业机械化水平的提升、农村用电量的增加，一方面大幅提升了农业生产效率，显著提高了食物供给水平，食物供给服务增加；但是另一方面，农业机械化和农村用电量的增加带来固碳服务、保水服务、保

土服务等生态服务的减少是显著的。因此以机械化和用电量为代表的农业农村现代化水平的提升，加剧了食物供给服务与保土、保水、固碳等生态服务之间的权衡关系，提高保土、保水、固碳服务之间的协同关系。

⑤模拟结果显示，2030年的生态系统服务之间的权衡关系在减弱，协同关系在增强。都市圈在未来城市建设和发展过程中，应当结合生态文明建设，在保障食物供给的过程中充分保护其他生态系统服务功能的发挥。

8.2 生态产品价值实现的制度设计

稳步推进生态产品价值实现改革试点，探索乡村振兴实现模式意义重大。在乡村开展生态资源保护活动，形成稳定可持续的乡村生态系统。整合古民居、公共空间、农田、森林、道路等基础设施等要素为统一的资产包，对外出租获得"生态租"。成立运营管理机构对村域资源和资产进行管理和运营。村民出资投资"云生态产品基金"，投资资金用于社会生态系统基础设施建设，投资者获得"生态净租金"大部分的分红收益。

一是以财务制度变革为基础。生态资源具有非标性，无法得到金融部门的准确定价，因此长期以来受到金融信贷约束。解决的办法在于定价方式从原来抵押物定价模式转变为现金流定价模式。乡村内各类业态的经营收益通过指定的银行结算系统进行统一结算，规范成本支出，核算经营利润后按照股权比例分配，获得稳定的现金流收益。在稳定的现金流基础上，将生态要素收益资产证券化，可以运用贷款工具，发行债券、资产支持证券、REITs等，运用结构化的金融工具进行信用增级。在此基础上通过多种金融工具的组合和嵌套，将整个生态社区打包作为生态产品，实现资产证券化。在初级阶段，嵌入保险、信贷、债券等金融工具；在进阶阶段，将已经形成"稳定现金流"的多个生态社区打包成资产包，形成一定资产规模的县域生态产品。生态资源要素价值是通过一次次的经营活动在"市场交易"中确认，其价值是动态变化、逐步增值的，以持续稳定的现金流保障底层资产的安全性。稳定现金流也是资产证券化的基础，是综合金融工具嵌入的抓手。未来若乡村能够获得稳定的租金并具有一定的规模体量，可以以租金为标的物，依托村域生态资源运营平台嵌套"资产支持证券"和"公募基金"结构，打包形成生态产品在二级市场获得社会投资。生态资源的价值可以通过"净现金流分派率"反向推演得到。

二是将生态系统服务等作为基础设施投资。乡投或村投公司通过发行专项债等方式投资建设乡村生态系统，提升生态系统服务，作为社会生态系统的基础设施。例如开垦荒地做生态农业，一方面稻田等能够形成良好的生态景观，另一方面不施用农药化肥能够最大限度保护村庄的整体生态环境，保护物种多样性，培育萤火虫等动物的生态栖息地，为自然教育活动等提供生态资源支撑。将古民居作为基础设施投资，有利于减轻外部投资主体的前期资金压力。将生态农业作为基础设施投资，有利于开发农业的多功能性，更大限度地发挥其生态效应，并实现外部性内部化。古民居、公共空间、生态农业等基础设施建设是营造村庄社会生态系统的必要环节。以村庄作为一个社会生态系统统一对外谈判获得生态租，有利于保障生态资源供给主体在谈判过程中处于平等的谈判地位，使得生态资源供给主体能够获得合理的收益分配。改革的过程需要重视村内一级市场的发育，将新老村民和运营管理团队作为未来的战略配售方，这对于未来乡村的可持续发展起着重要作用。

三要发挥财政资金的杠杆作用。设立"生态产品投资基金"。鼓励运营管理服务团队和本村村民投资，最大限度保障在地化人才的原始权益。投资的资金绝大部分用于本地社会生态系统的建设。县和乡政府对农村基础设施进行投资建设，支持乡村生态产业发展。政府财政资金撬动了村庄道路、古民居、生态资源等"沉睡"资产，并对非标的生态资源作政府背书，以增信和项目投资资金大部分投资于乡村建设，项目利润的大部分用于分红。投资人没有固定利息回报，其收益主要来源于持有期间的分红收益。分红具有强制性，每年至少一次。让利的方式在一级市场中确认和巩固生态资源的价值引导社会资本投资乡村生态资源，最大限度发挥地方政府的财政指挥棒的作用，从简单的"输血"变为可持续发展的"造血"支持。投资期期结束后，乡投公司或村投公司回收重资产投资资金，进行社会生态系统的再投资和滚动开发，以此实现投资的良性循环，盘活庞大的存量资产、拓宽增量资金来源，降低杠杆水平。

四是引导金融资本服务乡村生态发展。根据乡村整体定位和规划，对外招商引资，依据使用者收费原则收取生态租获得持续稳定的现金流。以自然教育活动为例，以分成或者固定租金的形式商定每场活动所需要支付的生态租，反映社会生态系统基础设施的贡献价值，包括古村落景观资源、生态环境、道路、公共空间、政府和村民支持等。生态租扣除运营管理费用后，得到"生态净租金"，大部分用于分红。当生态产品达到一定规模体量并产生稳定可持续的现金流后，可创新金融工具服务于生态产品开发。具体而言，引进基金公司和证券公司搭建"资产专项计划"和"公募投资基金"两层金融工具，成立生态产品基金，在证券交易所或场外进行交易，吸引机构投资者和公众投资者投资乡村建设，运营管理公司承担底层资产的运营工作。投资资金通过上述资产支持计划持有项目。底层资产的市场价值每年评估一次，近几年的项目现金流情况会对生态产品估值具有锚定作用。在碳达峰碳中和的背景下，注重运用贴息、保险、担保、信贷等金融手段，加大对乡村生态产业的支持。以县或者乡一级对全域生态资源投资运营，形成生态领域规模化的现金流收益，降低信贷的利率水平，获得金融资本的低成本资金使用资格。鼓励金融机构做乡村生态产品的金融创新，引导金融资本服务乡村绿色产业和生态产业，以金融为指挥棒促进乡村产业结构转型和可持续发展。

五是完善收益分配制度，保障乡村社区居民公平享受生态产品价值实现红利。依托村集体成立生态资产管理公司，开发和运营生态资源的经营主体可以通过合作社或者小项目组的形式外部引进或者内部孵化，实现生态社区公共品牌的统一规划和统筹运营。以村域范围内的生态资源形成"生态股"，以股权份额或分成的形式得到投资主体的市场化价值确认。依据社区营造情况，将"生态股"分配成"资源股"、对于生态建设作出贡献的"贡献股"、运营和管理生态资源的"管理股"等，完成村内生态资源的原初定价。不同业态之间通过预留交叉股的方式进行收益平滑，高盈利业态和低盈利的支撑业态因交叉持股实现收益的均衡化，避免同质化竞争或因贫富差距造成生态系统的撕裂，同时对经营主体形成有效激励。通过以上乡村内部多元股权（或分成比例）的设置，实现村庄自治，也使得乡村成为复杂的社会生态系统得以可持续发展。

8.3 政策建议

基于以上研究提出发展的对策建议：一是在都市圈土地利用管理过程中，应当高度重视人类开发和利用不同土地类型对于生态系统带来的影响，尤其注意对土壤保持服务和水源涵养服务产生的影响；二是应当提高土地的利用效率，强化集约化经营，严格控制城镇区域对于生态区域的侵占，减少因建设用地的低效、无序的扩张引起的生态系统服务的下降；三是建立合理的流域生态补偿机制，针对林地、草地等生态区域出台相关有针对性的政策，完善区域的生态修复，加强生态用地的生态修复，进一步加强生态保护区域的识别，对重点生态功能要素进行重点保护；四是坚持"山水林田湖草"全域开发，以全生态视角对生态要素进行开发和利用，减少破碎化、分割式的开发方式。

对生态系统开发利用生产出适宜的生态产品并实现其价值，与环境保护之间并不存在着不可逾越的鸿沟。生态系统的可持续发展并非一定要牺牲生态系统的供给服务、调节服务、文化服务和支持服务等。若想要在生态系统服务间削弱彼此之间的权衡关系、增强之间的协同关系，则可以通过分析生态系统可持续发展的驱动因素或障碍因素，因地制宜、因势利导制定合理的管理政策。

在皖北平原区，从事粮食生产的小规模农户具备一定的可持续农业的经验。小规模粮食生产主体需要政府支持和市场支持以突破其经营能力的限制，实现高效率的土地利用。首先，科技助力传统种植技术的改进，将有助于经济收益的提高。政府投入大量科研资金帮助科研院所实现科研攻关，科研院所和农业企业联合攻关，引进最新品种和生产设备，提升农业生产的技术水平。其次，运用财政或者金融工具，帮助农户启动高投入高风险的农业生产，为小规模农户提供可靠的资金支持。通过科技和资金两方面的援助，帮助小规模农户实现生态转型，由不可持续的生产方式转向可持续的生产方式，避免不可持续的土地利用方式影响生态系统服务的有效供给。如果将生态系统服务中非生产价值的服务考虑到综合收益中，将能有效地起到行为约束和指导的作用，从政策层面就应当从全局生态系统考量，而非仅仅考虑经济效应的高效率产出，必须兼顾其他生态服务功能。对有利于生态系统稳定性和可持续性的环境友好型耕作方式，可以建立适当的政府补贴制度，促进农户做出更有利于生态系统支持功能、调节功能的发挥。若仅仅利用市场价格方式指导生产，能够为人类福祉作出巨大贡献，但是无法用价格度量的生态系统支持服务和调节服务等就将受到负面的影响，小规模农户将采用最有利于经济收益的方式进行耕作，而肆意破坏免费的耕地资源，不利于整个生态系统的健康发展。理解生态系统服务，分析生态系统要素结构、生态过程，分析生态要素之间的相互作用对于制定管理政策有一定的借鉴意义。

对于城镇化区域而言，应当充分借鉴生态—经济耦合发展的区域模式，分阶段划定城镇发展核心区和副中心区，对都市圈不同区域之间进行联动协同发展，达到区域优势互补，最大限度激发不同区域之间的发展潜力，凸显区域发展特色，使得都市圈实现高质量发展。除此之外，应当积极探索生态化的城镇发展示范片，在生态文明背景下坚持绿色发展和现代化发展模式，努力发挥出生态环境质量优势，为经济发展增加动能。最后，产业发展需要实现绿色转型和全面升级，从多维度考核社会经济发展，在城镇化过程中实现生态和经济的协同发展。

从供需比来看，低空间匹配地区的生态系统韧性较低、生态环境脆弱，直接影响着生态系统服务功能的发挥。低生态系统服务的地区，人类开发和利用生态系统的程度降低，社会经济发展水平不高。在制定未来发展政策时，注重资源和基础设施建设的导入，打破生态领域的"马太效应"[217]，保障低低空间匹配地区获得更多的发展机会。打造更适合市民居住条件的生态环境，逐步引入人的要素，同时实现生态资源的保护、利用和开发。对于高高空间匹配区，人口密集、经济发展程度较高，同时能够保证较好的自然资源条件，让生态系统服务在经济和生态两个方面都同时发挥最高效应。这些地区在发展的过程中制定了环境保护政策，并贯彻执行良好。未来，可以继续保持生态环境政策并列入生态产品价值实现的优先试验区域。此外，在低生态高发展的地区，严格管控城市建成区的无序扩张，因地制宜实施耕地占补平衡政策，保障生态用地的底线面积。在农业和工业领域，尤其要特别注意生态转型，充分制定环境保护政策，激励企业采用绿色清洁生产方式，禁止对生态系统具有更大程度破坏的行为，恢复和保护生态系统的可持续性。最后，在低发展高生态的地区，应当充分对未利用地进行存量挖掘，通过规模化整合利用，减少因城市"飞地"造成的生态用地破碎化问题。在乡村地区，适当通过整合破碎空间减少乡村零散村落的资源利用效率问题，降低农村生产生活的基础设施对生态系统整体性的破坏，充分提高社会资源的开发效率。更为注重生态利用和开发，增强未来发展潜力，同时能够在高层次的发展理念的指导下，避免重蹈覆辙继续"不可持续"开发行为，努力打造绿色开发模式。

本研究的不足之处在于，生态系统服务具有复杂过程的流动性，因此生态系统服务的边界不清晰。生态系统服务具有"公共品"属性，对于周边地区具有一定的正外部性，生态系统服务的供给者往往难以获得相应收益回报。生态系统服务的流向和流量以及流动过程中如何转化和消耗，目前尚无有效的模型进行研究[18]。未来生态系统服务的变化缺乏实际政策和具体举措的模拟。在不同开发或者保护情景下，生态系统会因为人类采取的不同政策而发生重大改变。因此，在接下来的研究中，应当继续补充地方政府的政策因素，探究人类社会文化和政策变化对于生态系统服务的影响。此外，本研究只选取了重要的几项生态系统服务，今后应当增加文化服务和支持服务的研究。

参考文献

[1] DAILY G C E. Nature's services: Societal dependence on natural ecosystems [M]. Washington, D.C.: Island Press, 1997.

[2] 傅伯杰, 周国逸, 白永飞, 等. 中国主要陆地生态系统服务功能与生态安全 [J]. 地球科学进展, 2009, 24 (6): 571-576.

[3] 高晓龙, 林亦晴, 徐卫华, 等. 生态产品价值实现研究进展 [J]. 生态学报, 2020, 40 (1): 24-33.

[4] COSTANZA R, DARGE R, DEGROOT R, et al. The value of the world's ecosystem services and natural capital [J]. Nature, 1997, 387 (6630): 253-260.

[5] 顾莉丽. 中国粮食主产区的演变与发展研究 [D]. 长春: 吉林农业大学, 2012.

[6] 刘静萍, 徐昔保. 不同管理模式对农田生态系统服务的影响模拟研究: 以太湖流域为例 [J]. 生态学报, 2019, 39 (24): 9314-9324.

[7] Millennium-Ecosystem-Assessment. Ecosystems and human well-being [M]. Washington, D.C.: Island Press, 2005.

[8] 傅伯杰, 周国逸, 白永飞, 等. 中国主要陆地生态系统服务功能与生态安全 [J]. 地球科学进展, 2009, 24 (6): 571-576.

[9] 高晓龙, 林亦晴, 徐卫华, 等. 生态产品价值实现研究进展 [J]. 生态学报, 2020 (1): 1-10.

[10] 税伟, 杜勇, 王亚楠, 等. 闽三角城市群生态系统服务权衡的时空动态与情景模拟 [J]. 生态学报, 2019, 39 (14): 5188-5197.

[11] SALZMAN J. Creating markets for ecosystem services: Notes from the field [J]. New York University Law Review, 2005, 80 (3): 870-961.

[12] BANERJEE S, SECCHI S, FARGIONE J, et al. How to sell ecosystem services: A guide for designing new markets [J]. Frontiers in Ecology and the Environment, 2013, 11 (6): 297-304.

[13] ARONSON J, BLIGNAUT J N, MILTON S J, et al. Are socioeconomic benefits of restoration adequately quantified? A Meta-analysis of recent papers (2000-2008) in restoration ecology and 12 other scientific journals [J]. Restoration Ecology, 2010, 18 (2): 143-154.

[14] RANDS M R W, ADAMS W M, BENNUN L, et al. Biodiversity conservation: Challenges beyond 2010 [J]. Science, 2010, 329 (5997): 1298-1303.

[15] GÓMEZ-BAGGETHUN E, DE GROOT R, LOMAS P L, et al. The history of ecosystem services in economic theory and practice: From early notions to markets

and payment schemes [J]. Ecological Economics, 2010, 69 (6): 1209-1218.

[16] RAYMOND C M, BRYAN B A, MACDONALD D H, et al. Mapping community values for natural capital and ecosystem services [J]. Ecological Economics, 2009, 68 (5): 1301-1315.

[17] MONTAGNINI F, NAIR P. Carbon sequestration: An underexploited environmental benefit of agroforestry systems [J]. Agroforestry Systems, 2004, 61 (1): 281-295.

[18] 赵雪雁, 马平易, 李文青, 等. 黄土高原生态系统服务供需关系的时空变化 [J]. 地理学报, 2021, 76 (11): 2780-2796.

[19] 马育军, 黄贤金, 许妙苗, 等. 江苏省沿海滩涂开发的生态系统服务价值响应研究 [J]. 中国土地科学, 2006 (4): 28-34.

[20] SHI Z C, XU L Z, YING H C, et al. Values of the farmland ecosystem services of Qingdao city, China, and their changes [J]. Journal of Resources and Ecology, 2020, 11 (5): 443.

[21] 侯元兆, 吴水荣. 森林生态服务价值评价与补偿研究综述 [J]. 世界林业研究, 2005 (3): 1-5.

[22] KROEGER T, CASEY F. An assessment of market-based approaches to providing ecosystem services on agricultural lands [J]. Ecological Economics, 2007, 64 (2): 321-332.

[23] 陈志良, 吴志峰, 夏念和, 等. 中国生态资产估价研究进展 [J]. 生态环境, 2007 (2): 680-685.

[24] 黄如良. 生态产品价值评估问题探讨 [J]. 中国人口·资源与环境, 2015, 25 (3): 26-33.

[25] WHITTINGTON D, PAGIOLA S. Using contingent valuation in the design of payments for environmental services mechanisms: A review and assessment [J]. World Bank Research Observer, 2012, 27 (2): 261-287.

[26] NELSON E, MENDOZA G, REGETZ J, et al. Modeling multiple ecosystem services, biodiversity conservation, commodity production, and tradeoffs at landscape scales [J]. Frontiers in Ecology and the Environment, 2009, 7 (1): 4-11.

[27] 谢高地, 张彩霞, 张雷明, 等. 基于单位面积价值当量因子的生态系统服务价值化方法改进 [J]. 自然资源学报, 2015, 30 (8): 1243-1254.

[28] LYU R, CLARKE K C, ZHANG J, et al. Dynamics of spatial relationships

among ecosystem services and their determinants: Implications for land use system reform in Northwestern China [J]. Land Use Policy, 2021, 102: 105-231.

[29] 蒋菊生. 生态资产评估与可持续发展 [J]. 华南热带农业大学学报, 2001 (3): 41-46.

[30] 付意成. 流域治理修复型水生态补偿研究 [D]. 北京: 中国水利水电科学研究院, 2013.

[31] 慕石雷, 乌日陶克套胡, 巩芳. 生态服务外溢价值视角下草原补奖资金分配的空间异质性研究: 以新疆维吾尔自治区为例 [J]. 黑龙江畜牧兽医, 2022 (24): 1-8.

[32] ULGIATI S, ZUCARO A, FRANZESE P P. Shared wealth or nobody's land? The worth of natural capital and ecosystem services [J]. Ecological Economics, 2011, 70 (4): 778-787.

[33] 刘亦晴, 张建玲. 比较视角下江西生态文明试验区建设研究: 基于福建、江西、贵州三个首批生态文明试验区的比较 [J]. 生态经济, 2018, 10 (34): 214-220.

[34] SUTTON P C, COSTANZA R. Global estimates of market and non-market values derived from nighttime satellite imagery, land cover, and ecosystem service valuation [J]. Ecological Economics, 2002, 41: 509-527.

[35] SCHRÖTER M, BARTON D N, REMME R P, et al. Accounting for capacity and flow of ecosystem services: A conceptual model and a case study for Telemark, Norway [J]. Ecological Indicators, 2014, 36: 539-551.

[36] XU Z, WEI H, FAN W, et al. Energy modeling simulation of changes in ecosystem services before and after the implementation of a Grain-for-Green program on the Loess Plateau—A case study of the Zhifanggou valley in Ansai County, Shaanxi Province, China [J]. Ecosystem Services, 2018, 31: 32-43.

[37] 刘婧, 汤峰, 张贵军, 等. 2000—2015年滦河流域植被净初级生产力时空分布特征及其驱动因子分析 [J]. 中国生态农业学报（中英文）, 2021, 29 (4): 659-671.

[38] JIANG W, WU T, FU B. The value of ecosystem services in China: A systematic review for twenty years [J]. Ecosystem Services, 2021, 52: 101365.

[39] 方露露, 许德华, 王伦澈, 等. 长江、黄河流域生态系统服务变化及权衡协同关系研究 [J]. 地理研究, 2021, 40 (3): 821-838.

[40] 杨强强, 徐光来, 李爱娟, 等. 青弋江流域生态系统服务评估与权衡研究

[J]. 生态学报, 2021, 41 (23): 9315-9327.

[41] 郑德凤, 郝帅, 吕乐婷, 等. 三江源国家公园生态系统服务时空变化及权衡-协同关系 [J]. 地理研究, 2020, 39 (1): 64-78.

[42] 柳冬青. 流域生态系统服务时空权衡与协同关系研究 [D]. 兰州: 兰州大学, 2019.

[43] 钱彩云, 巩杰, 张金茜, 等. 甘肃白龙江流域生态系统服务变化及权衡与协同关系 [J]. 地理学报, 2018, 73 (5): 868-879.

[44] 冉凤维, 罗志军, 吴佳平, 等. 鄱阳湖地区生态系统服务权衡与协同关系的时空格局 [J]. 应用生态学报, 2019, 30 (3): 995-1004.

[45] 刘洋, 毕军, 吕建树. 生态系统服务权衡与协同关系及驱动力: 以江苏省太湖流域为例 [J]. 生态学报, 2019, 39 (19): 7067-7078.

[46] 张甜. 大宁河流域土地利用/覆被变化与生态系统服务权衡研究 [D]. 重庆: 西南大学, 2018.

[47] 王鹏涛, 张立伟, 李英杰, 等. 汉江上游生态系统服务权衡与协同关系时空特征 [J]. 地理学报, 2017, 72 (11): 2064-2078.

[48] 徐昔保, 杨桂山, 江波. 湖泊湿地生态系统服务研究进展 [J]. 生态学报, 2018, 38 (20): 7149-7158.

[49] 吴健生, 罗可雨, 马洪坤, 等. 基于生态系统服务与引力模型的珠三角生态安全与修复格局研究 [J]. 生态学报, 2020, 40 (23): 8417-8429.

[50] 王宏亮, 高艺宁, 王振宇, 等. 基于生态系统服务的城市生态管理分区: 以深圳市为例 [J]. 生态学报, 2020, 40 (23): 8504-8515.

[51] 赵宇豪, 罗宇航, 易腾云, 等. 基于生态系统服务供需匹配的深圳市生态安全格局构建 [J]. 应用生态学报, 2022, 33 (9): 2475-2484.

[52] 陈田田, 彭立, 王强. 基于多情景决策和生态系统服务权衡的成渝城市群生态安全格局识别 [J]. 中国环境科学, 2021: 1-23.

[53] 于媛, 韩玲, 李明玉, 等. 哈长城市群生态系统服务时空特征及其权衡/协同关系研究 [J]. 水土保持研究, 2021, 28 (2): 293-300.

[54] 申嘉澍, 梁泽, 刘来保, 等. 雄安新区生态系统服务簇权衡与协同 [J]. 地理研究, 2020, 39 (1): 79-91.

[55] 徐建英, 陈吉星, 刘焱序, 等. "一带一路"地区生态系统服务关系的时空分异与区域响应 [J]. 生态学报, 2020 (10): 1-13.

[56] 王世豪, 黄麟, 徐新良, 等. 粤港澳大湾区生态系统服务时空演化及其权衡与协同特征 [J]. 生态学报, 2020, 40 (23): 8403-8416.

［57］ 李欣, 方斌, 殷如梦, 等. 江苏省县域"三生"功能时空变化及协同/权衡关系［J］. 自然资源学报, 2019, 34（11）: 2363-2377.

［58］ 范业婷. 快速城镇化地区土地利用功能权衡与协同研究［D］. 南京: 南京大学, 2019.

［59］ 杜勇, 税伟, 孙晓瑞, 等. 海湾型城市生态系统服务权衡的情景模拟: 以福建省泉州市为例［J］. 应用生态学报, 2019, 30（12）: 4293-4302.

［60］ 李晶, 李红艳, 张良. 关中—天水经济区生态系统服务权衡与协同关系［J］. 生态学报, 2016, 36（10）: 3053-3062.

［61］ 杨晓楠, 李晶, 秦克玉, 等. 关中—天水经济区生态系统服务的权衡关系［J］. 地理学报, 2015, 70（11）: 1762-1773.

［62］ 戴路炜, 唐海萍, 张钦, 等. 北方农牧交错带多伦县生态系统服务权衡与协同关系研究［J］. 生态学报, 2020（9）: 1-14.

［63］ 王晓峰, 马雪, 冯晓明, 等. 重点脆弱生态区生态系统服务权衡与协同关系时空特征［J］. 生态学报, 2019, 39（20）: 7344-7355.

［64］ 尹礼唱, 王晓峰, 张琨, 等. 国家屏障区生态系统服务权衡与协同［J］. 地理研究, 2019, 38（9）: 2162-2172.

［65］ 孙艺杰, 任志远, 郝梦雅, 等. 黄土高原生态系统服务权衡与协同时空变化及影响因素: 以延安市为例［J］. 生态学报, 2019, 39（10）: 3443-3454.

［66］ 钱彩云, 巩杰, 张金茜, 等. 甘肃白龙江流域生态系统服务变化及权衡与协同关系［J］. 地理学报, 2018, 73（5）: 868-879.

［67］ 孙艺杰, 任志远, 赵胜男, 等. 陕西河谷盆地生态系统服务协同与权衡时空差异分析［J］. 地理学报, 2017, 72（3）: 521-532.

［68］ 张静静, 朱文博, 朱连奇, 等. 伏牛山地区森林生态系统服务权衡/协同效应多尺度分析［J］. 地理学报, 2020, 75（5）: 975-988.

［69］ 李文华, 李世东, 李芬, 等. 森林生态补偿机制若干重点问题研究［J］. 中国人口·资源与环境, 2007, 17（2）: 13-18.

［70］ CAO S, SUO X, XIA C, et al. Net value of forest ecosystem services in China［J］. Ecological Engineering, 2020, 142: 105645.

［71］ CHEN H. Land use trade-offs associated with protected areas in China: Current state, existing evaluation methods, and future application of ecosystem service valuation［J］. Science of The Total Environment, 2020, 711: 134-688.

［72］ WANG Y, DAI E. Spatial-temporal changes in ecosystem services and the trade-off relationship in mountain regions: A case study of Hengduan Mountain region in Southwest China [J]. Journal of Cleaner Production, 2020, 264: 121573.

[73] 谢高地, 肖玉. 农田生态系统服务及其价值的研究进展 [J]. 中国生态农业学报, 2013, 21 (6): 645-651.

[74] 谢高地, 肖玉, 甄霖, 等. 我国粮食生产的生态服务价值研究 [J]. 中国生态农业学报, 2005 (3): 10-13.

[75] ROSITANO F, BERT F E, PIÑEIRO G, et al. Identifying the factors that determine ecosystem services provision in Pampean agroecosystems (Argentina) using a data-mining approach [J]. Environmental Development, 2018, 25: 3-11.

[76] 罗海平, 朱勤勤, 潘柳欣, 等. 粮食主产区农田生态系统服务价值动态演化与空间分异 [J]. 统计与决策, 2020, 36 (4): 49-52.

[77] 黄端, 闫慧敏, 池泓, 等. 2000—2015 年江汉平原农田生态系统 NPP 时空变化特征 [J]. 自然资源学报, 2020, 35 (4): 845-856.

[78] 马笑丹, 刘加珍, 张彩云. 聊城市农田生态系统服务价值动态分析 [J]. 山东农业科学, 2020, 52 (9): 109-113.

[79] 李帅, 任奚娴. 山西省农田生态系统服务价值评估 [J]. 青海农林科技, 2019 (2): 54-59.

[80] 沈佳莹, 刘辉, 温小乐, 等. 高标准农田生态系统服务价值评估: 以福建省永泰县同安镇片区为例 [J]. 亚热带资源与环境学报, 2019, 14 (4): 86-92.

[81] 孙新章, 周海林, 谢高地. 中国农田生态系统的服务功能及其经济价值 [J]. 中国人口·资源与环境, 2007 (4): 55-60.

[82] 杨志新, 郑大玮, 文化. 北京郊区农田生态系统服务功能价值的评估研究 [J]. 自然资源学报, 2005 (4): 564-571.

[83] 赵海珍, 李文华, 马爱进, 等. 拉萨河谷地区青稞农田生态系统服务功能的评价: 以达孜县为例 [J]. 自然资源学报, 2004 (5): 632-636.

[84] DOMINATI E, MACKAY A, GREEN S, et al. A soil change-based methodology for the quantification and valuation of ecosystem services from agro-ecosystems: A case study of pastoral agriculture in New Zealand [J]. Ecological Economics, 2014, 100: 119-129.

[85] YANG S, BAI Y, ALATALO J M, et al. Spatio-temporal changes in water-related ecosystem services provision and trade-offs with food production [J]. Journal of Cleaner Production, 2020: 125316.

[86] LIU W, GUO Z, JIANG B, et al. Improving wetland ecosystem health in China [J]. Ecological Indicators, 2020, 113: 106184.

[87] de ARAUJO BARBOSA C C, ATKINSON P M, DEARING J A. Remote sensing of ecosystem services: A systematic review [J]. Ecological Indicators, 2015, 52: 430-443.

[88] LIU S, COSTANZA R, FARBER S, et al. Valuing ecosystem services theory, practice, and the need for a transdisciplinary synthesis [J]. Annals of the New York Academy of Sciences, 2010, 1185: 54-78.

[89] PAGIOLA S, ARCENAS A, PLATAIS G. Can payments for environmental services help reduce poverty? An exploration of the issues and the evidence to date from Latin America [J]. World Development, 2005, 33 (2): 237-253.

[90] SANCHEZ-AZOFEIFA G A, PFAFF A, ROBALINO J A, et al. Costa Rica's payment for environmental services program: Intention, implementation, and impact [J]. Conservation Biology, 2007, 21 (5): 1165-1173.

[91] LUISA MARTINEZ M, PEREZ-MAQUEO O, VAZQUEZ G et al. Effects of land use change on biodiversity and ecosystem services in tropical montane cloud forests of Mexico [J]. Forest ecology and Management, 2009, 258 (9): 1856-1863.

[92] ARBIEU U, GRüNEWALD C, MARTÍN-LÓPEZ B, et al. Mismatches between supply and demand in wildlife tourism: Insights for assessing cultural ecosystem services [J]. Ecological Indicators, 2017, 78: 282-291.

[93] PORTER J, COSTANZA R, SANDHU H et al. The Value of Producing Food, Energy, and Ecosystem Services within an Agro-Ecosystem [J]. AMBIO, 2009, 38 (4): 186-193.

[94] JENKINS W A, MURRAY B C, KRAMER R A, et al. Valuing ecosystem services from wetlands restoration in the Mississippi Alluvial Valley [J]. Ecological Economics, 2010, 69 (5): 1051-1061.

[95] CASTRO A J, VERBURG P H, MARTÍN-LÓPEZ B, et al. Ecosystem service trade-offs from supply to social demand: A landscape-scale spatial analysis [J]. Landscape and Urban Planning, 2014, 132: 102-110.

[96] CHEN W, CHI G. Urbanization and ecosystem services: The multi-scale spatial spillover effects and spatial variations [J]. Land Use Policy, 2022, 114: 105964.

[97] HECKWOLF M J, PETERSON A, JÄNES H, et al. From ecosystems to socio-economic benefits: A systematic review of coastal ecosystem services in the Baltic

Sea [J]. Science of The Total Environment, 2021, 755: 142565.

[98] 王秀明, 赵鹏, 龙颖贤, 等. 基于生态安全格局的粤港澳地区陆域空间生态保护修复重点区域识别 [J]. 生态学报, 2022 (2): 1-12.

[99] WANGAI P W, BURKHARD B, MÜLLER F. A review of studies on ecosystem services in Africa [J]. International Journal of Sustainable Built Environment, 2016, 5 (2): 225-245.

[100] NINAN K N, INOUE M. Valuing forest ecosystem services: What we know and what we don't [J]. Ecological Economics, 2013, 93: 137-149.

[101] AMACHER G S, OLLIKAINEN M, UUSIVUORI J. Forests and ecosystem services: Outlines for new policy options [J]. Forest Policy and Economics, 2014, 47: 1-3.

[102] SUTTON P C, ANDERSON S J. Holistic valuation of urban ecosystem services in New York City's Central Park [J]. Ecosystem Services, 2016, 19: 87-91.

[103] HALBE J, KNüPPE K, KNIEPER C, et al. Towards an integrated flood management approach to address trade-offs between ecosystem services: Insights from the Dutch and German Rhine, Hungarian Tisza, and Chinese Yangtze basins [J]. Journal of Hydrology, 2018, 559: 984-994.

[104] DANG A N, JACKSON B M, BENAVIDEZ R, et al. Review of ecosystem service assessments: Pathways for policy integration in Southeast Asia [J]. Ecosystem Services, 2021, 49: 101266.

[105] STERNER R W, KEELER B, POLASKY S, et al. Ecosystem services of Earth's largest freshwater lakes [J]. Ecosystem Services, 2020, 41: 101046.

[106] OCHOA V, URBINA-CARDONA N. Tools for spatially modeling ecosystem services: Publication trends, conceptual reflections and future challenges [J]. Ecosystem Services, 2017, 26: 155-169.

[107] LARA-PULIDO J A, GUEVARA-SANGINÉS A, ARIAS MARTELO C. A meta-analysis of economic valuation of ecosystem services in Mexico [J]. Ecosystem Services, 2018, 31: 126-141.

[108] AMBERBER M, ARGAW M, FEYISA G L, et al. Status, approaches, and challenges of ecosystem services exploration in Ethiopia: A systematic review [J]. Chinese Journal of Population, Resources and Environment, 2020, 18 (3): 201-213.

[109] 周振樟, 吴海彪. 永春县极端气候对水土流失的影响及对策 [J]. 亚热带水土保持, 2009 (3): 42-43.

[110] 高志强, 刘纪远, 曹明奎, 等. 土地利用和气候变化对农牧过渡区生态系统生产力和碳循环的影响 [J]. 中国科学 (D辑: 地球科学), 2004 (10): 946-957.

[111] 李帅, 魏虹, 刘媛, 等. 气候与土地利用变化下宁夏清水河流域径流模拟 [J]. 生态学报, 2017, 37 (4): 1252-1260.

[112] 祖拜代·木依布拉, 师庆东, 普拉提·莫合塔尔, 等. 基于SWAT模型的乌鲁木齐河上游土地利用和气候变化对径流的影响 [J]. 生态学报, 2018, 38 (14): 5149-5157.

[113] TURNER K G, ODGAARD M V, BØCHER P K, et al. Bundling ecosystem services in Denmark: Trade-offs and synergies in a cultural landscape [J]. Landscape and Urban Planning, 2014, 125: 89-104.

[114] 李屹峰, 罗跃初, 刘纲, 等. 土地利用变化对生态系统服务功能的影响: 以密云水库流域为例 [J]. 生态学报, 2013, 33 (3): 726-736.

[115] 李云驹. 松华坝流域土地利用和气候变化对水资源的影响及生态补偿研究 [D]. 南京: 南京农业大学, 2011.

[116] 许丁雪, 吴芳, 何立环, 等. 土地利用变化对生态系统服务的影响研究: 以张家口—承德地区为例 [J]. 生态学报, 2019 (20): 1-9.

[117] 杨风亭, 刘纪远, 庄大方, 等. 中国东南红壤丘陵区土地利用变化的生态环境效应研究进展 [J]. 地理科学进展, 2004 (5): 43-55.

[118] 齐月, 龚斌, 徐翠, 等. 三江源生态移民对草地资源依赖性分析 [J]. 中国人口·资源与环境, 2013, 23 (3): 77-81.

[119] 李蕾, 刘黎明, 谢花林. 退耕还林还草工程的土壤保持效益及其生态经济价值评估: 以固原市原州区为例 [J]. 水土保持学报, 2004 (1): 161-163.

[120] 闫颖慧, 段文彬, 何彤慧. 宁夏固原市退耕还林还草社会效益评价 [J]. 农业科学研究, 2007 (3): 37-40.

[121] 周萍, 刘国彬, 侯喜禄. 黄土丘陵区退耕前后典型流域农业生态经济系统能值分析 [J]. 农业工程学报, 2009 (6): 266-273.

[122] 江文甲, 林满红, 翁佩莹, 等. 福建省安溪县土地利用时空演变规律及其关键驱动因素分析 [J]. 生态学报, 2022 (2): 1-15.

[123] 丁存振, 徐宣国. 中国畜禽产品市场空间关联及其影响因素 [J]. 地理研究, 2022, 41 (2): 420-440.

[124] 邓运员, 付翔翔, 郑文武, 等. 湘南地区传统村落空间秩序的表征、测度

与归因[J]. 地理研究, 2021, 40 (10): 2722-2742.

[125] 殷格兰, 邵景安, 郭跃, 等. 林地资源变化对森林生态系统服务功能的影响: 以南水北调核心水源地淅川县为例[J]. 生态学报, 2017, 37 (20): 6973-6985.

[126] 肖强, 肖洋, 欧阳志云, 等. 重庆市森林生态系统服务功能价值评估[J]. 生态学报, 2014, 34 (1): 216-223.

[127] 靳芳, 鲁绍伟, 余新晓, 等. 中国森林生态系统服务功能及其价值评价[J]. 应用生态学报, 2005 (8): 1531-1536.

[128] 赵同谦, 欧阳志云, 郑华, 等. 中国森林生态系统服务功能及其价值评价[J]. 自然资源学报, 2004 (4): 480-491.

[129] 刘静萍, 徐昔保. 不同管理模式对农田生态系统服务的影响模拟研究: 以太湖流域为例[J]. 生态学报, 2019, 39 (24): 9314-9324.

[130] 王少剑, 谢紫寒, 王泽宏. 中国县域碳排放的时空演变及影响因素[J]. 地理学报, 2021, 76 (12): 3103-3118.

[131] 王耕, 张挥航. 基于文献计量的海洋生态系统服务研究热点与趋势分析[J]. 生态学报, 2020, 40 (7): 2496-2505.

[132] 段晓男, 王效科, 逯非, 等. 中国湿地生态系统固碳现状和潜力[J]. 生态学报, 2008 (2): 463-469.

[133] 赵同谦, 欧阳志云, 贾良清, 等. 中国草地生态系统服务功能间接价值评价[J]. 生态学报, 2004 (6): 1101-1110.

[134] 方瑜, 欧阳志云, 肖燚, 等. 海河流域草地生态系统服务功能及其价值评估[J]. 自然资源学报, 2011, 26 (10): 1694-1706.

[135] 王大尚, 李屹峰, 郑华, 等. 密云水库上游流域生态系统服务功能空间特征及其与居民福祉的关系[J]. 生态学报, 2014, 34 (1): 70-81.

[136] 廖文婷, 邓红兵, 李若男, 等. 长江流域生态系统水文调节服务空间特征及影响因素: 基于子流域尺度分析[J]. 生态学报, 2018, 38 (2): 412-420.

[137] 潘莹, 郑华, 易齐涛, 等. 流域生态系统服务簇变化及影响因素: 以大清河流域为例[J]. 生态学报, 2021, 41 (13): 5204-5213.

[138] VILLAMAGNA A M, ANGERMEIER P L, BENNETT E M. Capacity, pressure, demand, and flow: A conceptual framework for analyzing ecosystem service provision and delivery [J]. Ecological complexity, 2013, 15: 114-121.

[139] VAN RIPER C J, KYLE G T. Capturing multiple values of ecosystem ser-

vices shaped by environmental worldviews: A spatial analysis [J]. Journal of environmental management, 2014, 145: 374-384.

[140] XU X, YANG G, TAN Y, et al. Ecosystem ser-vices trade-offs and determinants in China's Yangtze River Economic Belt from 2000 to 2015 [J]. Science of The Total Environment, 2018, 634: 1601-1614.

[141] 刘逸, 纪捷韩, 许汀汀, 等. 战略耦合对区域经济韧性的影响研究: 以广东省为例 [J]. 地理研究, 2021, 40 (12): 3382-3398.

[142] 陈登帅, 李晶, 杨晓楠, 等. 渭河流域生态系统服务权衡优化研究 [J]. 生态学报, 2018, 38 (9): 3260-3271.

[143] 刘海, 武靖, 陈晓玲. 丹江口水源区生态系统服务时空变化及权衡协同关系 [J]. 生态学报, 2018, 38 (13): 4609-4624.

[144] 王晓峰, 马雪, 冯晓明, 等. 重点脆弱生态区生态系统服务权衡与协同关系时空特征 [J]. 生态学报, 2019, 39 (20): 7344-7355.

[145] 何丹, 周璟, 高伟, 等. 基于 CA-Markov 模型的滇池流域土地利用变化动态模拟研究 [J]. 北京大学学报 (自然科学版), 2014, 50 (6): 1095-1105.

[146] CORD A F, BARTKOWSKI B, BECKMANN M, et al. Towards systematic analyses of ecosystem service trade-offs and synergies: Main concepts, methods and the road ahead [J]. Ecosystem Services, 2017, 28: 264-272.

[147] ASADOLAHI Z, SALMANMAHINY A, SAKIEH Y, et al. Dynamic trade-off analysis of multiple ecosystem services under land use change scenarios: Towards putting ecosystem services into planning in Iran [J]. Ecological Complexity, 2018, 36: 250-260.

[148] ZHOU Z, ROBINSON G M, SONG B. Experimental research on trade-offs in ecosystem services: The agro-ecosystem functional spectrum [J]. Ecological Indicators, 2019, 106: 105536.

[149] ZHONG L, WANG J, ZHANG X, et al. Effects of agricultural land consolidation on ecosystem services: Trade-offs and synergies [J]. Journal of Cleaner Production, 2020, 264: 121412.

[150] 张晓宇, 许端阳, 卢周扬帆, 等. 基于系统动力学的阿拉善"三生"用水系统演化模拟与调控 [J]. 干旱区资源与环境, 2019, 33 (8): 107-113.

[151] 姚建, 刘莉, 罗文锋, 等. 成都市可持续发展模拟与调控 [J]. 山地学报, 2000 (5): 474-480.

[152] 赵俊三,袁磊,张萌.土地利用变化空间多尺度驱动力耦合模型构建[J].中国土地科学,2015,29(6):57-66.

[153] 陈成鲜,严广乐.我国水资源可持续发展系统动力学模型研究[J].上海理工大学学报,2000(2):154-159.

[154] 冯海燕,张昕,李光永,等.北京市水资源承载力系统动力学模拟[J].中国农业大学学报,2006(6):106-110.

[155] 龚文峰,袁力,范文义.基于CA-Markov的哈尔滨市土地利用变化及预测[J].农业工程学报,2012,28(14):216-222.

[156] 李志明,宋戈,鲁帅,等.基于CA-Markov模型的哈尔滨市土地利用变化预测研究[J].中国农业资源与区划,2017,38(12):41-48.

[157] 许月卿,罗鼎,郭洪峰,等.基于CLUE-S模型的土地利用空间布局多情景模拟研究:以甘肃省榆中县为例[J].北京大学学报(自然科学版),2013,49(3):523-529.

[158] 田义超,任志远.基于CLUE-S模型的黄土台塬区土地利用变化模拟:以陕西省咸阳台塬区为例[J].地理科学进展,2012,31(9):1224-1234.

[159] 李铸衡,刘淼,李春林,等.土地利用变化情景下浑河—太子河流域的非点源污染模拟[J].应用生态学报,2016,27(9):2891-2898.

[160] 李明杰,钱乐祥,吴志峰,等.广州市海珠区高密度城区扩展SLEUTH模型模拟[J].地理学报,2010,65(10):1163-1172.

[161] 仇蕾,王瑜梁,陈曦.基于Multi-agent的排污权交易系统建模与仿真[J].科技管理研究,2016,36(6):226-232.

[162] 杨国清,刘耀林,吴志峰.基于CA-Markov模型的土地利用格局变化研究[J].武汉大学学报(信息科学版),2007,32(5):414-418.

[163] 何丹,金凤君,周璟.基于Logistic-CA-Markov的土地利用景观格局变化:以京津冀都市圈为例[J].地理科学,2011,31(8):903-910.

[164] 赵冬玲,杜萌,杨建宇,等.基于CA-Markov模型的土地利用演化模拟预测研究[J].农业机械学报,2016,47(3):278-285.

[165] 张晓娟,周启刚,王兆林,等.基于MCE-CA-Markov的三峡库区土地利用演变模拟及预测[J].农业工程学报,2017,33(19):268-277.

[166] 李志,刘文兆,郑粉莉.基于CA-Markov模型的黄土塬区黑河流域土地利用变化[J].农业工程学报,2010,26(1):346-352.

[167] BAGSTAD K J, JOHNSON G W, VOIGT B, et al. Spatial dynamics of ecosystem service flows: A comprehensive approach to quantifying actual services

[J]. Ecosystem Services, 2013, 4: 117-125.

[168] LI C, WU Y, GAO B, et al. Multi-scenario simulation of ecosystem service value for optimization of land use in the Sichuan-Yunnan ecological barrier, China [J]. Ecological Indicators, 2021, 132: 108328.

[169] XING L, HU M, WANG Y. Integrating ecosystem services value and uncertainty into regional ecological risk assessment: A case study of Hubei Province, Central China [J]. Science of The Total Environment, 2020, 740: 140126.

[170] 孙九霞,王淑佳. 基于乡村振兴战略的乡村旅游地可持续发展评价体系构建 [J]. 地理研究, 2022, 41 (2): 289-306.

[171] XIANG H, ZHANG J, MAO D, et al. Identifying spatial similarities and mismatches between supply and demand of ecosystem services for sustainable Northeast China [J]. Ecological Indicators, 2022, 134: 108501.

[172] TRAN D X, PEARSON D, PALMER A, et al. Quantifying spatial non-stationarity in the relationship between landscape structure and the provision of ecosystem services: An example in the New Zealand hill country [J]. Science of the Total Environment, 2022, 808: 152126.

[173] 黎元生. 生态产业化经营与生态产品价值实现 [J]. 中国特色社会主义研究, 2018 (4): 84-90.

[174] 王保乾,李祎. GEP 核算体系探究:以江苏省水资源生态系统为例 [J]. 水利经济, 2015 (5): 14-18.

[175] 程言新,张福生,王婉茹,等. 安徽省地貌分区和分类 [J]. 安徽地质, 1996 (1): 63-69.

[176] 张艳芳,李云. 1995—2015 年关中平原城市群生态系统服务价值(ESV)及其时空差异 [J]. 浙江大学学报(理学版), 2020, 47 (5): 615-623.

[177] 陈新闯,李锋,李小倩,等. 珠三角城市群生态空间分区方法与管控对策 [J]. 生态学报, 2021 (13): 1-9.

[178] 秦晓川,付碧宏. 青岛都市圈生态系统服务:经济发展时空协调性分析及优化利用 [J]. 生态学报, 2020, 40 (22): 8251-8264.

[179] 李冬杰,杨利,余俞寒,等. 都市生态旅游区土地利用碎片化对生态系统服务价值的影响:以武汉东湖生态旅游区为例 [J]. 生态学报, 2019, 39 (13): 4782-4792.

[180] 王云,周忠学,郭钟哲. 都市农业景观破碎化过程对生态系统服务价值的影响:以西安市为例 [J]. 地理研究, 2014, 33 (6): 1097-1105.

[181] 周渝,邓伟,刘婷,等.重庆都市区生态系统服务价值时空演变及其驱动力[J].水土保持研究,2020,27(1):249-256.

[182] 曾旭,姚建,孙辉.基于能值理论的成都市生态经济系统可持续性评估[J].生态学杂志,2011(12):2875-2880.

[183] JIE Y, HUANG X. 30 m annual land cover and its dynamics in China from 1990 to 2019 [J]. Earth System Science Data, 2021, 8 (13): 3907-3925.

[184] 安徽省统计局.安徽统计年鉴[M].合肥:安徽统计年鉴,2020.

[185] 徐新良.基于DEM提取的中国流域、河网数据集[EB/OL].http://www.resdc.cn/DOI.

[186] 邹月,周忠学.西安市景观格局演变对生态系统服务价值的影响[J].应用生态学报,2017,28(8):2629-2639.

[187] 王超,甄霖.宁夏固原市森林水源涵养功能时空动态研究[J].湖南生态科学学报,2016(4):1-9.

[188] 赵磊,袁国林,张琰,等.基于GIS和USLE模型对滇池宝象河流域土壤侵蚀量的研究[J].水土保持通报,2007(3):42-46.

[189] 马永力.基于3S技术和USLE模型的土壤侵蚀研究[D].郑州:郑州大学,2010.

[190] 蔡崇法,丁树文,史志华,等.应用USLE模型与地理信息系统IDRISI预测小流域土壤侵蚀量的研究[J].水土保持学报,2000(2):19-24.

[191] 李京,李晓兵,宫阿都.基于遥感方法的小流域土壤侵蚀研究[J].自然灾害学报,2008,17(6):77-81.

[192] 杨子生.云南省金沙江流域土壤流失方程研究[J].山地学报,2002(S1):1-9.

[193] 许月卿,邵晓梅.基于GIS和RUSLE的土壤侵蚀量计算:以贵州省猫跳河流域为例[J].北京林业大学学报,2006(4):67-71.

[194] 朱文泉,潘耀忠,张锦水.中国陆地植被净初级生产力遥感估算[J].植物生态学报,2007,31(3):413-424.

[195] 冯险峰,刘高焕,陈述彭,等.陆地生态系统净第一性生产力过程模型研究综述[J].自然资源学报,2004(3):369-378.

[196] LIU F, YAN H M, GU F X, et al. Net primary productivity increased on the Loess Plateau following implementation of the Grain to Green Program [J]. Journal of Resources and Ecology, 2017, 8 (4): 413-421.

[197] 温宥越,孙强,燕玉超,等.粤港澳大湾区陆地生态系统演变对固碳释氧

服务的影响 [J]. 生态学报, 2020, 40 (23): 8482-8493.

[198] ELTON. The Ecology of Invasions by Animals and Plants [M]. London: Chaman and Hall, 1958: 143-153.

[199] AU B W C, AU J M C. Thresholds in ecological and social-ecological systems: A developing database [J]. Ecology and Society, 2017.

[200] LEWONTIN R C. Meaning of stability [J]. Brookhaven Symposia in Biology, 1969, 22: 13-24.

[201] HOLLING C S. Resilience and stability of ecological systems [J]. Annual Review of Ecology and Systematics, 1973.

[202] 刘芳, 张红旗. 我国农产品主产区土地可持续利用评价 [J]. 自然资源学报, 2012, 27 (7): 1138-1153.

[203] 郁静娴, 曲哲涵. 农机化再升级有了新动力（政策解读）[N]. 人民日报, 2021-06-19.

[204] 田晓晖, 李薇, 李戎. 农业机械化的环境效应：来自农机购置补贴政策的证据 [J]. 中国农村经济, 2021 (9): 95-109.

[205] 周家俊, 周德. 农业机械投入对化肥减量化的作用效果研究 [J]. 农村经济与科技, 2019, 30 (13): 15-17.

[206] 周振, 张琛, 彭超, 等. 农业机械化与农民收入：来自农机具购置补贴政策的证据 [J]. 中国农村经济, 2016 (2): 68-82.

[207] 周振, 孔祥智. 农业机械化对我国粮食产出的效果评价与政策方向 [J]. 中国软科学, 2019 (4): 20-32.

[208] 周振, 马庆超, 孔祥智. 农业机械化对农村劳动力转移贡献的量化研究 [J]. 农业技术经济, 2016 (2): 52-62.

[209] 卢龙辉, 许月卿, 黄安, 等. "森林转型"研究进展与展望 [J]. 北京大学学报（自然科学版）, 2020, 56 (2): 373-384.

[210] DELANG C. China's grain for green program: A review of the largest ecological restoration and rural development program in the world [M]. New York: Cham Springer International Publishing, 2015.

[211] 黄麟, 祝萍, 曹巍. 中国退耕还林还草对生态系统服务权衡与协同的影响 [J]. 生态学报, 2021, 41 (3): 1178-1188.

[212] FENG X, FU B, PIAO S, et al. Revegetation in China's Loess Plateau is approaching sustainable water resource limits [J]. Nature Climate Change, 2016.

[213] LU F, HU H, SUN W, et al. Effects of national ecological restoration projects

on carbon sequestration in China from 2001 to 2010［J］. PNAS, 2018, 115（16）: 4039-4044.

［214］ JIANG C, ZHANG H, ZHANG Z. Spatially explicit assessment of ecosystem services in China's Loess Plateau: Patterns, interactions, drivers, and implications［J］. Global and Planetary Change, 2018, 160（2）: 41-52.

［215］ FU B, WANG S, Liu Y, et al. Hydrogeomorphic ecosystem responses to natural and anthropogenic changes in the Loess Plateau of China［J］. Annual Review of Earth & Planetary Sciences, 2016, 45（1）: 223-243.

［216］ 魏辽生. 基于 IDRISI-LCM 模型的土地利用变化与预测研究［D］. 沈阳: 辽宁师范大学, 2015.

［217］ 刘志涛, 王少剑, 方创琳. 粤港澳大湾区生态系统服务价值的时空演化及其影响机制［J］. 地理学报, 2021, 76（11）: 2797-2813.